누가 듣는가
하늘 밖에서
허공 밟는 소리를

오소자의 선시 감상

누가 듣는가
하늘 밖에서
허공 밟는 소리를

양범수 엮음

시간여행

ⓒ 김양수 화백

"누가 듣는가? 하늘 밖에서 허공 밟는 소리를"

　선사들의 깨우침 노래, 게송(偈頌) 모음입니다. 여기에 수록된 100편의 게송은 2008~2009년에 불교신문에 오소자(吾笑子)의 게송 감상이라는 제목으로 연재한 것입니다. 신라-고려-조선 50인 선사와 중국 선사 50인의 선시(禪詩)와 게송을 어떠한 기준을 두지 않고 선정해서 실었습니다.

　연재할 때는 별로 중요하게 생각하지 않았으나 다시 볼수록 선사들의 대기대용(大機大用)의 활구(活句)가 가슴 깊이 새겨지고, 세월이 갈수록 소중한 자료가 될 것 같아서 한 권의 책으로 편찬합니다.

2024년 청명한 가을
양범수 합장

차
례

서문 "누가 듣는가? 하늘 밖에서 허공 밟는 소리를" 005

1부

우리나라 선사들의
깨우침 노래, 게송 50선

01 신라 원효(元曉) 대사 012

02 신라 부설(浮雪) 거사 014

03 신라 노힐부득(努肹夫得)과 달달박박(怛怛朴朴) 016

04 신라 혜초(慧超) 선사 020

05 신라 표훈(表訓) 성사 022

06 신라 태현(太賢) 화상 024

07 신라 진감혜소(眞鑑慧昭) 선사 026

08 신라 현욱원감(玄昱圓鑑) 화상 028

09 신라 영희(靈熙) 화상 030

10 고려 원감(圓鑑) 국사(國師) 032

11 고려 태고보우(太古普愚) 국사 034

12 고려 진각(眞覺) 국사 036

13 고려 백운(白雲) 선사 038

14 고려 나옹(懶翁) 왕사 040

15 고려 의천대각(義天大覺) 국사 042

16 고려 대감탄연(大鑑坦然) 국사 044

17 고려 혜문(惠文) 선사 046

18 고려 정명(靜明) 국사 048

19 고려 원오(圓悟) 국사 050

20 고려 선탄환옹(禪坦幻翁) 선사 052

21 고려 정오초은(丁午招隱) 화상 054

22 고려 죽간굉연(竹磵玄演) 화상 056

23 고려 만우천봉(卍雨千峰) 선사 058

24 고려 월창(月窓) 선사 060

25 고려 충세(沖歲) 선사 062

26 조선 벽하(碧霞) 화상 064

27 조선 함허득통(涵虛得通) 선사 066

28 조선 매월당 설잠(雪岑) 선사 068

29 조선 벽송지엄(碧松智嚴) 선사 070

30 조선 허응당 보우(普雨) 선사 072

31 조선 청허당 휴정(休靜) 대사 074

32 조선 영허당 해일(海日) 선사 076

33 조선 부휴당 선수(善修) 선사 078

34 조선 사명당 유정(惟政) 대사 080

35 조선 제월당 경헌(敬軒) 선사 082

36 조선 청매당 인오(印悟) 선사 084

37 조선 진묵일옥(震默一玉) 대사 086

38 조선 소요태능(逍遙太能) 선사 088

39 조선 중관해안(中觀海眼) 선사 090

40 조선 편양언기(鞭羊彦機) 선사 092

41 조선 취미수초(翠微守初) 선사 094

42 조선 허백명조(虛白明照) 선사 096

43 조선 월봉책헌(月峰策憲) 선사 098

44 조선 백암성총(栢庵性聰) 선사 100

45 조선 백우명안(百愚明眼) 선사 102

46 조선 설암추붕(雪嵓秋鵬) 선사 104

47 조선 무용수연(無用秀演) 선사 106

48 조선 환성지안(喚惺志安) 선사 108

49 조선 허정법종(虛靜法宗) 선사 110

50 조선 월파태율(月波兌律) 선사 112

2부

중국 선사들의
깨우침 노래, 게송 50선

01 본정(本淨) 선사 116

02 구양산 무료(無了) 선사 118

03 향엄지한(香嚴智閑) 선사 120

04 복주 영운지근(靈雲志勤) 선사 122

05 장주 나한(羅漢)계침 화상 124

06 수산 성념(省念)선사 126

07 담주 용산(龍山) 화상 128

08 장사 경잠초현(景岑超賢) 선사 130

09 오대산 지통(智通) 선사 132

10 장경혜릉(長慶慧稜) 선사 134

11 무주 소산광인(疎山光仁) 선사 136

12 복주 현사사비(玄沙師備) 선사 138

13 복주 고산흥성(鼓山興聖) 국사 140

14 월주 사내(師鼐) 선사 142

15 복주 부용산 여체(如體) 선사 144

16 양주 처진(處眞) 선사 146

17 소주 용광(龍光) 화상 148

18 천태산 국청사(國淸寺) 소정(小靜) 상좌 150

19 경조 중운지휘(重雲智暉) 선사 152

20 장주 청활(淸豁) 선사 154

21 명주 대매산 법상(法常) 선사 156

22 영명연수(永明延壽) 지각(智覺) 선사 158

23 양주 방온(龐蘊) 거사 160

24 강서 지철(志徹) 선사 162

25 목진 종랑(從朗) 선사 164

26 평전 보안(普岸) 선사 166

27 구산 지진(智眞) 선사 168

28 동산 양개(良价) 선사 170

29 남악 현태(玄泰) 상좌 172

30 협산선회(夾山善會) 선사 174

31 임제의현(臨濟義玄) 선사 176

32 황주 제안(齊安) 화상 178

33 조산 본적(本寂) 선사 180

34 복주 향계종범(香谿從範) 선사 182

35 피운지적(彼雲智寂) 선사 184

36 랑주 창계 린(滄谿 璘) 화상 186

37 온주 서봉원 신록(神綠) 선사 188

38 홍주 대영원 은미(隱微) 선사 190

39 무주 명초 덕겸(德謙) 선사 192

40 무주 금주 의소(義昭) 화상 194

41 양주 광덕 연(廣德 延) 화상 196

42 낭주 양산 연관(緣觀) 선사 198

43 천태산 덕소(德韶) 국사 200

44 선주 흥복원 가훈(可勳) 선사 202

45 항주 보은 영안(永安) 선사 204

46 온주 본선(本先) 선사 206

47 담주 운개산 용청(用淸) 선사 208

48 천태산 한산자(寒山子) 210

49 천태산 국청사 습득(拾得) 선사 212

50 구화산 지장 교각(喬覺) 화상 214

1부

ⓒ 김양수 화백

우리나라 선사들의
깨우침 노래, 게송 50선

신라
원효(元曉) 대사 •   617~681

前之寓宿 謂土龕而且安   전지우숙 위토감이차안
此夜留宵 託鬼鄕而多崇   차야유소 탁귀향이다숭
則知   칙지
心生故種種法生   심생고종종법생
心滅故龕墳不二   심멸고감분불이
又三界唯心萬法唯識   우삼계유심만법유식
心外無法胡用別求   심외무법호용별구

어제의 잠자리는 흙집이라도 편안했는데
오늘 밤은 귀신 집에 머무니 생각도 많구나
알았네!
마음을 내는 까닭에 가지가지 법이 나오고
마음을 없애니 토감과 분묘가 둘이 아니네
삼계는 마음, 만법은 오직 알음알이라
마음밖에 법 없으니 어찌 따로 구할 것인가

　마음은 하나, 하나밖에 없는 마음을 알지 못해서 헤맵니다. 고요한 바다에 풍랑이 일듯 본래 조용한 마음을 움직여 스스로 어리석음에 빠집니다. 해골 속에 고여 있든, 물 한 모금이 대사의 본래마음을 찾아 주었습니다. 당나라로 법을 구하러 갈 이유가 없어졌습니다.

　참되고 한결같은 마음의 큰 바다, 만물이 그 안에 포용 되어 있습니다. 일체유심조(一切唯心造). 바로 이 게송을 한마디로 표현한 철학입니다.

● 속성은 설(薛)씨. 아명은 서동(誓幢). 원효는 출가 후에 지은 이름. 아들은 설총. 해박하고 심오한 학해(學解)로 방대한 분량의 불교 관계 저술을 남겼다. 의상대사와 중국으로 유학하러 가다가 도중에 그만둔 사실은 너무도 유명하다. 686년 70세에 혈사(穴寺)에서 입적했다. 후에 고려 숙종왕이 '대성화쟁국사(大聖和諍國師)'의 시호를 내렸다.

신라
부설(浮雪) 거사·

目無所見無分別 　　목무소견무문별
耳聽無聲絕是非 　　이청무성절시비
分別是非都放下 　　분별시비도방하
但看心佛自歸依 　　단간심불자귀의

눈으로 보는 것이 없으면 분별함도 없고
귀로 듣는 소리가 없으면 시비도 끊어진다
분별하고 시비함을 모두 놓아버리고
오직 마음의 부처를 지켜서 스스로 귀의하라

【감상】

　한 생을 인연 따라 살았으되 거리낌 없는 선경(禪境)에서 보살행을 걸어온 부설 거사. 몸은 속세에 있으나 마음은 항시 선정에 들어서 정진해 오다가 '법신(法身)에는 생과 사가 없다'는 것을 설파하고 임종을 합니다.

　심즉시불(心卽是佛). 마음 밖에 부처가 있지 않고 오직 마음이 부처임을 알아서 그 마음의 부처를 잊어버리지 말고 지키라고 합니다.

　거사는 이 임종게를 이르기 전에 "처자와 권속들이 삼대같이 무성하고 금은보화와 비단이 언덕만큼 쌓였어도 명(命)을 마칠 때는 혼자 외로이 간다"라고 읊었습니다.

　큰 바다에는 나루가 없습니다. 그래서 더욱 걸림이 없습니다.

● 우리나라 대표적인 거사(居士). 속성은 진(陳)씨. 이름은 광세(光世). 자는 의상(宜祥). 경주 출신, 어려서 출가하여 불국사에서 원정(圓淨)의 제자가 되었다. 수행 중에 전라도 부안에서 묘화라는 낭자를 만나게 되면서 인연을 거절하지 못해 보살의 자비심으로 묘화와 부부의 연을 맺었다. 하지만 수행과 정진을 계속하여 깨달음을 얻는다.

03 신라
노힐부득(努肹夫得)과 달달박박(怛怛朴朴)●

腴田美歲良利也	유전미세양리야
不如衣食之應念而至	불여의식지응염이지
自然得飽難也	자연득포난야
婦女屋宅情好也	부녀옥택정호야
不如蓮池花藏千聖	불여연지화장천성
共遊鸚鵡孔雀以相娛也	공유앵무공작이상오야
況學佛當成佛	황학불당성불
修眞必得眞	수진필득진
今我等旣落彩爲僧	금아등기낙채위승
當脫略纏結	당탈약전결
成無上道	성무상도
豈宜汩沒風塵	기의골몰풍진
與俗輩無異也	여속배무이야

기름진 밭과 아름다운 세월은 참으로 좋으나
옷과 음식이 생각에 따라 이르러도
자연히 배부르고 따뜻함만 못하고
아내와 집이 참으로 좋으나

연화장세계에 여러 부처님과 앵무 공작과 즐거이 함께
노는 것만 못하네
항차 불도를 배워서 부처를 이루고
참됨을 닦아서 참된 것을 얻나니
이제 우리들은 머리 깎고 스님 되어
인연의 결박을 끊고
위 없는 도를 이루련다
어찌 풍진 속에 묻혀
세속의 삶과 다름이 없어서 되겠는가

【감상】

아하! 이 두 분은 출가의 마음을 내기 이전에 속진(俗塵)을 털
어버렸습니다. 부귀영화를 헌 옷 벗듯 훌훌 벗어버리고 삭발하
고 부처님 곁으로 가기를 결심했습니다. 세상에 태어나서 아무
나 장부의 길을 가는 것이 아닌데 전생에 얼마나 큰 복덕을 지
으셨으면 성도(聖道)를 택하신단 말입니까? 인연의 사슬을 끊어
무상보리를 증득하시고 한 분은 미륵불로 또 한 분은 아미타불
이 되시어 광명을 놓으십니다.

● 《삼국유사》에 두 분의 얘기가 전설처럼 전해오고 있다. 두 사람은 친구로, 어느 날 머리를 깎고 경상도 창원의 백월산에 들어가 수행하여 성불했다고 한다. 755년(경덕왕 14년) 왕의 명을 받고 절을 짓기 시작, 764년 백월산 남사(南寺)를 완성해 대중을 많이 모았다고 한다.

© 김양수 화백

04 신라
혜초(慧超) 선사 •

704~787

不慮菩提遠	불려보리원
焉將鹿苑遙	언장녹원요
只愁懸路險	지수현로험
非意業風飄	비의업풍표
八塔誠難見	팔탑성난견
參差經劫燒	참차경겁소
何其人願滿	하기인원만
目睹在今朝	목도재금조

깨달음도 멀다고 생각지 않았는데
어찌 녹야원을 멀다고 생각하겠는가
다만 벼랑 같은 험한 길이 걱정스러울 뿐
본래 뜻한바 일은 바람처럼 흔들리지 않네
여덟 탑은 참으로 보기 어렵고
참구 할 경전들 오래전 불타 버렸구나
어느 사람의 소원이 만족할까
보았도다, 오늘 아침에

　1300년 전 천축국을 향해 수 만 리 길을 끝도 없고 시작도 없이 걸었던 혜초스님. 어두운 밤에 나무 등걸이에 기대어 한숨 자고, 날 밝으면 길을 걷고, 그러하기를 얼마였던가? 구법(求法)의 길은 금강석 같은 굳은 결심이요 그 한마음 태산준령의 험한 길도 어찌하지 못하였습니다.

　온갖 고초를 겪으며 천축국 마하 보리사에 이르러서 아침 햇살이 빛날 때 문득 얻음이 있었습니다.

"바로 이거다!"

　희열에 가슴 벅차 감탄사가 절로 나옵니다. "찬 바람은 매섭게 불어 땅을 찢는다"라고 했던 파미르 고원에서의 한탄도 녹아내립니다.

● 723년경 당나라 광동성 광주로 유학, 인도 승려 금강지의 제자가 되어 인도 구법 여행을 결행해 유명한 《왕오천축국전》을 남겼다. 신라 출신으로 중국에서 주로 활약했다. 《왕오천축국전》에 따르면 727년 11월경에 인도 동해안에 당도했다. 육로로 불교 성지를 두루 순례하고 중앙아시아 중동 페르시아 일부 지역까지 순례했다. 중국에 귀환하여 밀교를 선양했다. 중국에서 83세에 입적했다.

신라
표훈(表訓) 성사●

我是諸緣所成法	아시제연소성법
我緣以我得成緣	아연이아득성연
以緣成我我無體	이연성아아무체
以我成緣緣無性	이아성연연무성
諸法有無元來一	제법유무원래일
有無諸法本無二	유무제법본무이
有時非有還同無	유시비유환동무
無時非無還同有	무시비무환동유
諸法本來不移動	제법본래불이동
能觀之心亦不起	능관지심역불기

나는 모든 인연으로 하여 존재를 이루었고
모든 인연들 나를 반연하여 이루었네
연으로써 이루어진 나, 실체가 없으며
나로써 이루어진 인연 성품이 없네
모든 존재의 있고 없고는 원래 하나요
있다 없다 하는 모든 존재 본래 둘이 아닐세

있으나 있지도 않으니 도리어 없음과 같고
없으나 없지도 않으니 도리어 있음과 같네
모든 존재들 본래 움직여 옮기지 않으니
능히 알고자 하는 마음 역시 일으키지 마소

【감상】

이름에 걸맞게 너무나도 교과서 같은 가르침을 펴십니다.

존재도 성품도 마음도 모두 둘이 아니요, 있고 없고를 따짐 또한 별것 아닙니다. 그래서 무엇을 알고자 하는 마음도 일으키지 말라고 하십니다. 성사의 가르침이 없었더라면 자칫 가시덤불을 헤매는 꼴이 되었을지도 모릅니다. 몸속에 감춰진 신령스러운 보배를 알지 못하고 찾지 못하여 애먹는 중생들에게 원음(圓音)이요, 항아리 안에 켜놓은 등불과 같습니다. 세상을 뒤덮을 그물망과 같아서 걸려들지 않을 사람이 없습니다.

● 신라 십성(十聖)의 한 분. 김대성이 불국사를 짓고 초청한 고승으로 불국사 초대 주지를 지냈다.《삼국유사》에 등장. 생몰연대 미상. 화엄종의 종조 의상대사의 10대 제자 가운데 한명으로 문무왕 14년(674) 황복사에서 의상대사로부터 화엄경과 화엄일승법계도를 배우고 통달했다. 저서로《화엄경문의요결문답》이 있다.

신라
태현(太賢) 화상●

742~765

已開聖典微密要   이개성전미밀요
圓鏡懸空照長霄   원경현공조장소
人身聖敎難可再   인신성교난가재
有心欲出宜及時   유심욕출의급시

이미 부처님 성전의 미묘하고 오묘한 요지를 열어
둥근 거울 허공에 매달아 긴긴밤 비춰보니
나로서는 성인의 가르침을 다시 만나기 어려워
벗어나고자 하는 마음이 있는 지금이 바로 그때인 것 같소

　화상은 《범망경보살계본종요》를 마치고 현묘한 부처님의 가르침에 가슴이 벅차올라서 밤새 뜬눈으로 지새웠습니다. 그래도 마음 한편으로는 일을 마친 뒤 홀가분함을 노래하고 있습니다.

　이생에 와서 부처님 말씀을 대할 수 있다는 것은 엄청난 인연사입니다. 부처님의 성스러운 가르침을 듣지도 보지도 못한 중생들이야말로 참으로 불쌍하다고 하지 않을 수 없습니다.

　부처님 가르침을 듣고 한 소식 얻었다면 복 가운데서도 가장 큰 복을 누리는 것이요, 가르침대로 행하는 것은 이생에 와서 참된 복락을 누리다 가는 것입니다. 이러한 행운은 오랜 겁을 두고 은덕(隱德)을 쌓아온 힘입니다.

● 경덕왕 때 고승. 유가종(瑜伽宗; 진언종-법상종)의 개조로 알려져 있으며 휘는 태현. 자호는 청구사문.《삼국유사》에 행적이 있다. 원효대사 다음으로 많은 저술을 남겼다. 경주 남산 용장사에 주석했다. 법상종의 태두로 실천 쪽을 강조했고, 진표율사는 교학 쪽을 강조했다. 경주를 중심으로 중앙을 무대로 활약했고, 진표계는 지방을 무대로 활동했다.

07

신라
진감혜소(眞鑑慧昭) 선사[●]   774~850

萬法皆空	만법개공
吾將行矣	오장행의
一心爲本	일심위본
汝等勉之	여등면지
無以塔藏形	무이탑장형
無以銘紀跡	무이명기적

만 가지의 법이 모두 공하니

나 장차 가려한다

한마음이 본래 면목이니

그대들은 힘쓰라

탑에 형상을 두려하지도 말고

행장을 기록하지도 말라

【감상】

　생야일편부운기(生也一片浮雲起) 사야일편부운멸(死也一片浮雲滅). 태어남이란 한 조각의 구름이 일어남이요, 죽음이란 한 조각의 구름이 사라짐이라. 일체의 모든 것이 생겨날 때, 없어질 것이 예약되어 있고, 없어지면 다시 생겨나는 것, 가고 옴을 두려워할 일이 아니라고 합니다.

　한마음이 본래 가지고 온 모든 것이니, 부지런히 닦아서 깨우치라고 후학들에게 당부하시는 것도 빠뜨리지 않고 챙기시며, 사리탑도 세우지 말고 이 세상에 왔다 간 흔적도 남기지 말라고 합니다. 몰록 깨우친 그 자리에 무엇이 남아 있겠습니까?

　공수래공수거(空手來空手去). 빈손으로 왔다가 빈손으로 가는 것이라, 욕심도 다 두고 갑니다.

● 전라도 금마(익산시 금마면) 사람. 속성은 최(崔)씨. 어려서 부모를 여의고 804년 30세에 불도를 닦으러 당나라에 들어가 창주 신감(神鑑)대사에게 출가하여 810년 소림사에서 구족계를 받았다. 여러 곳을 다니며 수행하고 830년(흥덕왕 5년) 귀국하여 상주 노악산 장백사(남장사)에서 선법을 가르쳤다. 지리산 화계 계곡의 옥천사(쌍계사)를 크게 일으켰다.

08 신라
현욱원감(玄昱圓鑑) 화상 • 788~869

此法本自西天 東來中國	차법본자서천 동래중국
一花啓發六葉	일화계발육엽
敷榮歷代相承 不令斷絕	부영역대상승 불령단절
我曩遊中土 曾事白巖	아낭유중토 증사백암
白崑承嗣於江西	백암승사어강서
繼明於南嶽	계명어남악
南岳則漕溪之冢子	남악즉조계지총자
是嵩嶺之玄孫	시숭령지현손
雖信衣不傳 而心印相授	수신의부전 이심인상수
遠嗣如來之敎	원사여래지교
長開迦葉之宗	장개가섭지종
汝傳以心燈 吾付爲法信	여전이심등 오부위법신

이 법은 본래 인도로부터 동으로 중국에 왔노라
한 송이 꽃에서 여섯 잎 피어나 번성하여 이어져 끊이
지 않았노라
나는 지난날 중국에서 백암을 스승으로 섬겼으며
백암은 강서도일의 법을 받고 강서는 남악을 계승하였

느니라

　남악은 조계의 맏이며 육조는 달마의 현손이니라

　비록 신표로 법의를 전하지 않으나 심인을 주노니

　멀리는 부처님의 가르침을 잇고 가섭의 종지를 꽃피워라

　그대에게 전하는 이 마음의 등불은 내가 부촉 받은 법의

신표니라

【감상】

　이 게송은 제자에게 법을 전하는 전법게(傳法偈)로써 흔히 볼 수 없습니다. 상세히도 전하고 있습니다. 중국에서 공부했던 이야기까지 곁들여서 법맥을 전하고 불조 혜능의 요지까지 지킬 것을 지시하고 있습니다.

　비록 가사는 전해주지 못하지만, 당신의 믿음의 등불을 신표로 전하고 있습니다. 어떠한 물건보다도 가장 소중한 오랫동안 닦아온 마음을 전합니다. 스승의 본분이 이처럼 엄격합니다. 법맥을 잇는 그 상좌 기분 좋겠습니다.

● 구산선문의 하나인 봉림산문(鳳林山門)의 개창 조사. 본관은 강릉. 속성은 김(金)씨. 시호 원감. 어려서 출가하여 구족계를 받고 당나라에 들어가서 마조도일 선사의 제자 장경(章敬) 선사에게 법을 배웠다. 장보고 선단의 배를 타고 귀국 실상사에 주석했다. 세수 82세, 법납 60세에 입적했다.

09

신라
영희(靈熙) 화상•

雲收歡喜嶺　　　운수환희령
月入老松菴　　　월입노송암
慧劍精千萬　　　혜검정천만
心源蕩再三　　　심원탕재삼
洞天春寂寂　　　통천춘적적
山鳥曉喃喃　　　산조효남남
咸佩無生樂　　　함패무생낙
玄關不用參　　　현관불용참

구름 머금고 기쁨 가득한 고갯마루
늙은 소나무 아래 암자 달빛 든다
지혜의 칼로 천만 가지 망상 베어 버리고
마음 바탕 쓸고 또 쓸었네
맑은 하늘의 봄날 고요한데
이른 아침 산새 소리 경쾌하구나!
모두 태어남이 없는 낙(무생 낙)을 얻어
현묘한 이치 깨달았으니 참선은 필요 없네

【감상】

태어남이 없는 낙은 죽음의 고통이 없는 낙과 같음입니다. 태어나지 않았으니 당연히 죽음도 없는 것, 그래서 생과 사는 둘이 아니라 하나라고 합니다. 금생에 와서 무생의 낙을 얻을 만큼 수행하고 깨달음을 얻었다 함은 본래 청정한 마음 밭을 찾은 것입니다.

화상의 게송에서 보듯 온갖 망상을 끊어버리고 마음 바탕에 남아 있을지 모르는 찌꺼기를 쓸어내기 위해 마음의 구석구석을 한 번도 아니고 두 번 세 번 쓸고 또 쓸고 있습니다.

드디어 구경각(究竟覺)에 이르러서 들여다보니 내생에는 무생 낙을 얻었음을 알게 되었습니다. 얼마나 기쁘겠습니까? 맑은 하늘 이른 아침의 새소리 모두가 환희의 세계입니다. 본각(本覺)의 자리는 기쁨만이 있을 뿐입니다.

● 부설 거사의 도반. 부설. 영조 등 세 사람이 함께 천관산을 거쳐 변산의 능가산 법왕봉 아래에 묘적암을 짓고 수년 동안 수도했다. 문수도량 오대산으로 가던 중에 부안에서 부설은 처자를 만나 혼인을 하고 영희 영조 두 사람은 오대산으로 갔다.

春日花開桂苑中　　춘일화개계원중
暗香不動少林風　　암향부동소림풍
今朝果熟沾甘露　　금조과숙첨감로
無限人天一味同　　무한인천일미동

봄날 계수나무 동산에 꽃 피었는데
그윽한 향기 소림의 바람에 움쩍 않더니
오늘 아침 익은 과일 감로에 젖었고
한없는 인천(人天)의 한 가지 맛이구려

국사가 과거에 장원하였던 일을 은근히 내보이시지만, 어쩌면 이런 지난날의 일이 소림의 바람을 막고 있었는지도 모를 일입니다. 그러나 선풍(禪風)이 계수나무 꽃향기를 움직이지는 못했을지라도 선지(禪旨)를 아는 국사인지라 과일을 익게 하였습니다.

과일의 익음이란, 깨달음을 알리는 흉금을 열어 보이심인데 그 깨달음의 자리에 머무름이 없으나 국사의 생각은 다릅니다. 잘 익은 과일에 감로수를 적시고 계십니다. 감로의 의미 또한 깨달음의 이슬이요, 갈증을 풀어줄 천상(天上)의 음료수입니다. 이러한 경지는 맛보지 않으면 드러내기 어려운 해탈의 결정(結晶)입니다.

국사에 의해서 사람이나 천상계가 같은 맛을 보게 되었습니다. 모든 사람이 다 함께 맛볼 수 있는 자비를 베풀고자 합니다. 기쁨의 희열이 인간 세상에 있다면 바로 그곳이 천상의 세상이며 진여(眞如) 무한한 맛일 것입니다.

● 전라도 장흥 동동리 태생. 속성은 위(魏)씨. 속명은 원개(元凱), 법휘는 충지(冲止), 자호는 밀암(宓庵), 시호가 원감이다. 탑호는 보명(寶明). 19세 장원급제하여 관직에 봉직, 일본 사신으로 다녀왔다. 이후 세속을 등지고 강화도 선원사의 법주 원오 국사에게 구족계를 받았다. 40세에 원오 국사가 입적하자 뒤를 이어 조계 제6세 법주가 되었다. 67세로 입적했다.

고려
태고보우(太古普愚) 국사 ● 1301~1382

一亦不得處	일역부득처
踏破家中石	답파가중석
回看沒破跡	회간몰파적
看者亦己寂	간자역기적
了了圓陀陀	요요원타타
玄玄光爍爍	현현광삭삭
佛祖與山河	불조여산하
無口悉吞却	무구실탄각

무엇 하나 얻을 것이라고는 없는 곳
집안의 돌 밟아 깨뜨렸네
돌아보니 깨어진 자취 없고
보는 나 자신도 없어라
그대로 드러나 둥그런 그것
그윽하면서 찬란히 빛나는 광명이어라
부처님과 조사와 산하대지를
입도 없으매 그 모두 삼켜버렸네

【감상】

꿈속에서 푸른 옷을 입은 두 동자가 따라준 감로의 맛이 홀연히 모든 것을 빈자리로 돌려놓았습니다. 무시(無始) 이래 지녀온 온갖 것, 생의 뿌리마저 뽑아서 죽여버리니 본지풍광(本地風光)이 확연해졌습니다.

대사일번(大死一番)이라. 큰 죽음은 한 번입니다. 죽음을 무릅쓴 7일 정진이 본분사를 해결해 버렸습니다. 도의 깨침이란(悟道) 도를 얻는 것(得道)이 아니라 무(無)를 깨뜨림이었습니다. 깨져버린 집안의 돌(家中石)이 흔적도 남아있지도 않고, 그 자신마저도 고요하다고 합니다. 대각의 자리는 광명만 찬란합니다. 부처도 조사도 산하대지도 입도 대지 않고 삼켜버렸으니 세상이 본래와 같이 조용해졌습니다.

● 속성은 홍(洪)씨, 호는 태고(太古), 시호는 원증(圓證). 태고국사라 부른다. 13세에 출가하여 양주 회암사에서 광지(廣智) 화상의 제자가 되었고 가지산 보림사에서 수행했다. 충목왕 2년(1346)에 중국 원나라로 건너가서 하무산(霞霧山)에서 임제(臨濟) 선사의 17세 법손 석옥 청공(石屋淸珙, 1273~1357)선사를 만나 임제종의 법(法)을 받았다. 석옥 청공의 법맥을 이어받아 귀국, 고려 임제종의 시조가 되었다. 조계종의 중흥조(中興祖)로 추앙받는다.

摩竭當年老葛藤　　마갈당년노갈등

蔓來時復繞山僧　　만래시복요산승

五旬困絆無廻避　　오순곤반무회피

今日芟除喜不勝　　금일삼제희불승

마갈타국의 그 당시 늙은 칡덩굴

뻗어 와서 이 산승을 얽어매

오순(五旬)이나 뒤엉켜 헤어나지 못하게 했는데

오늘 몽땅 베어버리니 그 기쁨 견디기 어려워지고야

【감상】

마갈타국은 인도에 있던 나라로 부처님께서 깨달으신 고장이다. 그 옛날 석가세존을 괴롭혔던 알음알이(知)의 갈등이 국사를 괴롭혀 왔는데 오늘 몽땅 끊어버려서 상쾌하기 이를 데 없다고 합니다. 온통 뒤엉켜 번거로웠던 화두(話頭)의 타래를 단칼에 해치워 버렸습니다. 장부(丈夫)의 기상을 확연하게 드러내, 과거 현재 미래를 한꺼번에 해결하셨습니다.

누구든지 공부하는 사람이라면 국사와 같이 결연한 각오로 일대사를 해결해서 가가대소(呵呵大笑)하소서.

● 나주 화순현 출생. 속성은 최(崔)씨. 자는 영을(永乙). 호는 무의자(無衣子). 법명은 혜심(慧諶). 23세 때 사마시(司馬試; 생원과 진사를 뽑던 과거시험)에 합격, 태학(국가교육 기관)에 입문했다. 조계산 수선사 지눌(知訥) 선사에게 출가, 보조국사 입적 후 왕명에 의해 조계종의 2세(世)가 되었다. 57세에 입적. 시호는 진각, 탑호는 원소다. 저서로《선문염송》,《무의자 시집》,《진각 국사어록 심요》가 있다.

13 고려 백운(白雲) 선사 •

1299~1375

兩箇泥牛鬪   양개니우투

哮吼走入海   효후주입해

過去現未來   과거현미래

料掉無消息   료도무소식

진흙으로 만든 두 마리 소가 대판으로 싸우더니
소리치며 바다로 뛰어들었네
과거 현재 미래가 달려가서
아무리 휘저어 봐도 캄캄 무소식이로고

【감상】

　사바세계는 악이 있으면 선이 있고, 이것이 있으면 저것이 있고 옳음이 있으면 그름이 있고 내가 있으면 네가 있듯이 항상 상대가 있어서 시시비비가 끊이지 않습니다. 이러한 분별이 이 세사의 실상이요 관념화된 현실입니다.

　선사는 양면(兩面)의 분별을 바닷속으로 던져 버렸습니다. 그리고서 붙잡아둘 수도 없는 과거와 묶어둘 수도 없는 현재, 두 다리로 버티고 서 있어도 다가오는 미래를 바닷속으로 보내어 소를 찾아보도록 하였으나 진흙은 용해되어 찾을 수 없습니다.

　분별의 정체는 공(空)해 버렸습니다. 분별심은 원래 없었습니다. 상대적 관념도 없었습니다. 인간의 마음이 진흙으로 두 마리의 소를 만들었습니다. 선사께서 진흙 소 두 마리를 바다에 버려서 이제는 조용합니다.

● 법명 경한(景閑). 나옹, 보우선사 등과 함께 임제선을 이었다. 어려서 출가, 40여 년을 일정한 스승 없이 전국을 다니며 정진하다가 1351년 중국 절강성 호주(湖州)로 건너가서 석옥청공(石屋淸珙) 선사에게 법을 묻고 2년 뒤에 도를 깨달았다. 해주 신광사에서 임제종풍을 크게 드날렸다. 77세에 천녕(여주) 취암사에서 입적했다. 저서 《백운화상어록》 2권이 있다.

眼耳元來自沒縱　　안이원래자몰종
箇中誰得悟圓通　　개중수득오원통
空非相處飜身轉　　공비상처번신전
犬吠驢鳴盡豁通　　견폐려명진활통

눈과 귀는 원래 스스로 자취 없거늘
누가 그 가운데서 원만히 깨칠 것인가
텅 비어 형상 없는 곳에서 몸을 뒤처져서 구르면
개 짖는 소리 나귀 울음이 모두 도를 깨침일세

【감상】

깨침의 자리에서 보면 삼라만상의 모든 소리가 지혜의 소리요, 사자후(獅子吼)입니다.

오근(五根) 가운데 눈과 귀가 도(道)의 길을 막고 있었다면, 눈을 가리고, 귀를 막고, 걸어가 보십시오. 캄캄함에서 광명의 빛을 볼 것이요, 들림이 없는 먹통에서 묘음(妙音)을 얻을 것입니다. 한 생각 뒤집으면 그곳이 해탈 지견(知見)의 자리라 합니다.

이제는 무엇에도 비길 바 없는 텅 비어버린 마음의 도량을 세우고 어디에도 막힘이 없는 소통(疏通)의 바람이 불 뿐입니다.

무공저(無孔笛, 구멍 없는 피리)에서 아름다운 노랫소리가 흘러나옵니다.

● 녕해(寧海) 사람. 속성은 아(牙)씨. 이름은 원혜(元惠). 호는 나옹. 시호는 선각. 당호는 강월헌(江月軒). 고려 공민왕 때 왕사. 21세 때 공덕산 묘연(了然) 선사에게 출가. 양주 회암사에서 4년 정진 중에 깨달았다. 원나라로 건너가서 연경 법원사에서 인도 승려 지공(指空)에게 배우고 깨달은 바가 있어 원나라를 두루 다니며 정진하고 1358년에 귀국. 1371년 왕사 '보제존자'란 호를 받음. 신륵사에서 57세로 입적했다. 법납 38년.

15 고려
의천대각(義天大覺) 국사 • 1055~1101

六年只爲路多岐　　육년지위로다기
喪道從來語有枝　　상도종래어유지
精義入神方領會　　정의입신방령회
悠悠爭得析群疑　　유유쟁득석군의

여섯 해나 갈림길에서 헤매고
도를 잃고 어긋난 말도 많았는데
이제 참된 이치 깨달았거니
어찌하면 많은 의심 깨트릴 것인가

【감상】

　밤길 걷는 나그네가 인적 끊어진 낯선 곳에서 세 갈래 길을 만나 오지도 가지도 못합니다. 혹 사람들이 있어서 어떤 이는 이 길이 맞다고 하고 또, 어떤 이는 저 길이 맞다고 하니 진퇴양난일 수밖에…. 국사의 솔직한 표현으로 비춰볼 때 6년의 세월이 흐른 후에 비로소 이제 진리를 터득했습니다.

　그러나 한 가닥의 진리만을 깨달았을 뿐이라 어찌하면 더 많은 의심을 깨뜨릴 것인가 아득하다고 탄식합니다. 하지만 그물코를 가려내었기에 이제 국사께서 풀어내는 그 법망(法網)의 줄은 뭇 대중에게 삶의 양식이 될 것입니다.

● 고려 왕족 출신. 속성 왕(王)씨. 자는 의천. 대각국사는 시호. 고려 문종의 넷째 아들. 천태종 중흥의 시조. 1065년 외삼촌 경덕국사 난원(爛圓)을 스승으로 계를 받고 승려가 됨. 13세에 우세(祐世)라는 호를 받고 승통이 됨. 1085년 송나라 정원(淨源) 법사의 초청을 받고 송(宋)나라에 가서 철종제(哲宗帝)의 영접을 받고 고승들을 면담했다. 46세에 국사로서 총지사에서 입적했다.

16

一室何寥廓　　일실하요확

萬緣俱寂寞　　만연구적막

路穿石罅通　　로천석하통

泉透雲根落　　천투운근락

皓月掛簷楹　　호월괘첨영

凉風動林壑　　량풍동림학

誰從彼上人　　수종피상인

淸坐學眞樂　　청좌학진락

온 집안이 어찌나 고요한지

온갖 인연이 적막하네

길은 바위틈을 뚫어 통했고

샘물은 머물러 있는 구름 뚫고 떨어지네

밝은 달은 처마 기둥에 걸려있고

맑은 바람은 골짜기 숲을 흔드는구나!

누가 저 성인을 따라서

맑게 앉아 참된 즐거움을 배우랴

길 없는 길을 걸어 올라온 암자, 주인도 없이 적막합니다. 너무도 고요하고 적적한 속에서 머리가 텅 비어 온갖 번뇌가 끊어져 버렸습니다. 자연 속에 묻혀버린 자신마저 찾을 수가 없습니다.

그냥 부처님처럼 정좌하고서 깨침의 길을 가고 있습니다. 모든 것을 다 비워내고 고요하고 맑은 정신의 주인공이 되었습니다. 달그림자 벗 삼아 시원한 가슴으로 모든 것을 지워버리고 홀로 앉아 있습니다.

● 법명 탄연(坦然). 호는 묵암(默庵). 속성은 손(孫)씨. 경남 밀양 사람. 대감은 시호. 고려 중기 선종 부흥에 커다란 영향을 끼쳤다. 13세에 6경을 터득하고 궁중에 들어가서 후일 예종이 된 왕자를 가르쳤다. 19세에 궁중을 몰래 나와 개성 북쪽 안적사에서 승려가 되었다. 국사로 추증됐다.

爐火烟中演梵音   로화연중연범음
寂寥生白室沈沈   적요생백실침침
路長門外人南北   로장문외인남북
松老巖邊月古今   송노암변월고금
空院曉風饒鐸舌   공원효풍요탁설
小庭秋露敗蕉心   소정추로패초심
我來寄傲高僧榻   아래기오고승탑
一夜淸談眞萬金   일야청담진만금

화롯불 연기 속에 경 읽는 소리 퍼져 나가고
고요 속에 날은 밝은데 집안은 침침하구나
길게 뻗은 길에는 집밖의 사람들 남북으로 오가고
바위 곁 서있는 늙은 소나무 예나 지금이나 달 비추네
텅 빈 절 새벽바람에 풍경 소리 요란한데
작은 뜰 가을 이슬 내려 파초 마음 상하였구나
내가 장차 거만하게 머무는 고승의 자리보다
하룻밤 맑은 이야기는 바로 만금일세

소리 없이 피어오르는 화롯불 연기와 같이 고요 속에 마음속으로 독경하는 것이 지금 선사의 심경입니다. 밖은 요란해도 내심의 청량함은 그 어느 때보다도 절정에 이르러서 매우 상쾌합니다.

욕심을 몽땅 털어내고 텅 비운 마음으로 하룻밤 이야기가 그 무엇에도 비길 바 없는 재산이 되었습니다. 이제 이 세상에서 더 얻을 것이 없습니다. 맑은 한 줄기 감로수가 마른 목구멍을 타고 넘어갑니다.

● 가지산문의 선승. 고성 사람. 속성은 남(南)씨. 자는 빈빈(彬彬). 호는 월송(月松). 30세에 승과에 급제하고 여러 단계를 거쳐 대선사에 이르렀다. 운문사에 머물렀으며 성격이 강직하고 담백하여 유명한 사대부들이 많이 따랐다. 이인로 이규보 등과 교류했다.

18

고려
정명(靜明) 국사 •

1205~1248

鑿破雲根構小亭   착파운근구소정
蒼崖一愷洒冷冷   창애일선세냉냉
何人解到淸涼界   하인해도청량계
坐遣人間熱惱惺   좌견인간열뇌성

깨고 부수어서 구름 자락에 작은 정자를 지었는데
푸르른 낭떠러지 하나같이 상쾌하고 서늘하구나
어느 사람이 맑고 시원한 세계에 이르렀는지 알겠는가
앉아서 인간의 뜨거운 번뇌를 식히노라

【감상】

구름을 타고 노니는 것은 아무나 할 수 없습니다. 신선의 경지가 아니면 구름 위에 정자를 지을 수 없습니다. 허공 중에 사다리도 없는데…. 신기한 일입니다.

불출일심지해(不出一心之海). 하나뿐인 마음의 바다를 벗어나지 못합니다.

마음이 구름을 타고 놉니다. 얼마나 상쾌하겠습니까? 구름 아래 사바세계는 번거롭고 탐욕으로 들끓어 화탕지옥과 같습니다. 미움과 시기와 질투, 아상(我相)으로 똘똘 뭉쳐진 마음자리를 비워내지 못해 눈들이 벌겋게 달아 있습니다.

아하! 국사께서는 청량한 세계에 계시니 참으로 시원하시겠습니다.

● 지금의 청주 태생. 속성 박(朴)씨. 법명 천인(天因). 어려서 총명하여 진사에 뽑혔으나 21세 때 허적 신극정 등과 함께 만덕산 원묘(圓妙) 국사를 찾아가서 삭발. 그 뒤 수선사 혜심(慧諶)으로부터 조계선을 습득, 수행에 전념했다. 저서 《정명국사시집》 3권 《정명국사후집》 1권이 있다.

怨氣積頭成雪嶺　　　　원기적두성설령

血痕治臆化丹田　　　　혈흔치억화단전

渠如不惱他家子　　　　거여불뇌타가자

四海霜毛一日玄　　　　사해상모일일현

원망하는 마음 쌓여서 머리는 희어지고

피 묻은 가슴 다스리다 단전되었네

우두머리같이 다른 이 괴롭히지 않으면

온 세상 흰 깃털 하루에 검어지리라

【감상】

　선지식(善知識)들께서는 모든 중생에게 해원(解怨)할 것을 타이릅니다. 미움이 있다면 풀고 원한 맺힘이 있으면 한시라도 빨리 풀어버리라고 합니다. 저세상으로 가는 사람에게도 모든 원한을 풀고 가라고 요구합니다.

　원망이 쌓이고 쌓이면 가슴에 응어리가 생겨서 머리가 하얗게 되나니 넓은 마음으로 모든 사람을 포용한다면 온 세상 사람들의 근심도 사라진다고 국사께서 일러주십니다.

　마음이 모든 여래를 만든다고 했습니다(心造諸如來). 마음이 선과 악도 만듭니다. 모든 업도 마음이 짓습니다. 마음의 가닥을 잘 추스려 스스로 즐거움을 찾아내어야 합니다. 그곳이 극락이기에.

● 전북 남원 출생. 속성은 양(梁)씨. 호는 충경. 법명은 천영(天英). 15세에 수선사 제2세 진각국사 혜심에게 득도. 선과에 급제. 수선사 청진 국사의 교화를 받고 제4세 진명 국사 혼원을 스승으로 삼았다. 16국사 중 5세다. 강화 선원사 대장경판 조성에 큰 공을 세웠다.

20

고려
선탄환옹(禪坦幻翁) 선사 •   1055~1101

有琴掛寒壁   유금괘한벽
爛盡南山石   난진남산석
唐堯與虞舜   당요여우순
九泉已零落   구천이영락
秋燈一曲謌   추등일곡가
坐待東方白   좌대동방백

거문고는 차가운 벽에 걸려있고
남산 돌은 산뜻하여 극치에 달하였네
당나라 요임금과 우나라 순임금
구천에 떨어져 사라졌으니
가을 불빛에 한 곡조 노래하며
앉아서 동방이 밝기를 기다리네

【감상】

거문고 연주하던 손을 멈추고 멀리 남산을 보노라니 그 옛날 가풍 떠올려 봐도 별것 아니라, 붉게 타오르는 가을 풍경이 선사의 마음을 뒤흔들어, 몰랐던 소식을 일깨웠습니다. 아침 햇빛보다 더 빛나고 새벽 샛별같이 반짝이는 한 가닥 심회가 노래를 저절로 나오게 합니다.

저 넓은 바닷물도 한 쪽박에 넘치지 않고 거대한 땅덩어리도 하나의 티끌에 불과한 것을 덧없는 세월을 거문고 줄 튕기어 왔구려. 고적(孤寂)함만 흐릅니다.

달을 보았거든 손가락을 보지 말고 집에 돌아왔거든 길을 묻지 말라 했던가. 선사의 노랫소리에 귀 기울여 봅시다.

● 생몰연대 출생지 등 알려진 문헌이 없다.《한국문화대백과사전》에 수록된 것을 참조했다. 고려 말 승려. 호는 연암(然菴). 선탄이 불명이고 환옹은 법호다. 시를 잘 짓고 거문고 연주에 능했다. 사대부들과 교류가 많았고《동문선(東文選)》에 시 8수가 전해온다. 부안 개암사를 중창했다.

21

고려
정오초은(丁午招隱) 화상 •

移得花叢粧後砌   이득화총장후체
折來松梢補西簷   절래송초보서첨
手中只慣出中事   수중지관출중사
古下那知世味甛   고하나지세미첨

꽃들을 옮겨다 후원을 단장하고
소나무 가지 꺾어다가 서쪽 처마 수리했네
손에 익숙한 것은 세속을 떠난 일
오래된 거처의 편안함을 세간사람 그 맛을 어찌 알랴

【감상】

섬돌 사이에 진달래며 철쭉꽃도 개나리도 캐다가 심었습니다. 내려앉은 처마 끝도 소나무 꺾어다가 보수를 했습니다. 극락이 따로 없습니다. 지금 화상이 거처하는 보잘것없는 이 움막이 정토입니다. 한가로운 어느 날 뒤뜰에서 혼자 일하는 노장의 손놀림이 눈에 선합니다.

누가 무어라고 해도 이곳을 떠날 생각이 전혀 없습니다. 아늑한 이 토굴은 무엇과도 바꿀 수 없습니다. 정도 들었거니와 오랫동안 거처하다 보니 눈감고도 집안 곳곳을 헤아릴 수 있습니다. 바로 이곳이 귀인의 거처입니다. 세상 사람들이 이 어찌 달콤한 맛을 알겠습니까?

● 전북 순창 사람. 생몰연대 미상. 천태종의 고승. 고려 말기 충렬, 충선 충숙의 3대 국왕에게 왕사와 국사로 추앙되었다. 국통국일대선사(國統國一大禪師)로 삼았다가 곧 무외국통(無畏國統)이 되다. 젊은 시절 강진의 백련사에서 보내다가 왕의 부름으로 개경의 묘련사와 국청사에 주석했다.

22

고려
죽간굉연(竹磵宏演) 화상 ● 1275~1339

洪崖先生舊所隱　　　홍애선생구소은
階下碧桃花飄零　　　계하벽도화표령
夜光出井留丹藥　　　야광출정유단약
春露浥松生茯苓　　　춘로읍송생복령
天女惑携綠玉杖　　　천여혹휴록옥장
仙人自讀黃庭經　　　선인자독황정경
隣寺歸來不五里　　　린사귀래불오리
回頭望斷煙冥冥　　　회두망단연명명

홍애 선생 그 옛날 은거하던 곳
계단 아래 복숭아 꽃바람에 날려 떨어지네
밤빛은 우물 속에 들어 신령스러운 약을 감추고
봄 이슬은 소나무 적셔 복령을 기르네
하늘 여인 푸르른 옥 지팡이 들었고
신선은 친히 황정경을 읽는구나!
이웃 절에서 돌아오나 오 리도 안 되는데
머리 돌리니 바라던 일 끊겨 캄캄하구나

【감상】

홍애 선생은 득도하여 신선이 되었으며 요(堯)임금 때, 이미 3천 세였으며 중국 청성산에 살던 도인이었습니다. 《황정경》은 몸속의 비장을 비롯한 5장의 신(神)을 다루는 호흡법을 실천하여 불로장생한다는 도교의 경전입니다.

화상은 아마도 불로장생의 신선이 되기를 꿈꾸어 왔던 것 같습니다. 자정수를 마시며 복령을 캐다가 신약(神藥)으로 삼으며 신선들과 노닐 생각을 하면서 이웃 절에서 내려와 뜰 앞에 이르러서 머리 돌려 뒤를 보니 모두가 허황한 꿈이었습니다.

허허! 인생무상인데 오래 살면 무엇하고 단약과 복령을 먹으며 신선이 되면 뭘 하겠는가? 서 있는 그 자리에서 돌아온 길 뒤 돌아보는 순간 문득 깨우침을 얻었습니다. 오 리 길 걸으며 한바탕 꿈속에서 신선이 되어 놀아봤습니다.

● 호는 죽간(竹磵), 자는 무설(無說). 나옹혜근 선사의 제자이며 강화도 선원사의 5대 주지를 지냈다. 원나라에 들어가 학사 구양현(歐陽玄), 위소(危素) 등과 교유하였고 원명국사의 비문을 위소에게 부탁해 짓게 했다. 《고려국사도선전(高麗國史道詵傳)》을 저술했다. 《동문선》에 시 10수가 수록돼 있다. 이 시는 원나라에 들어가 불사(佛寺)에 머무르다 이웃 자청궁을 돌아보며 읊은 '유자청궁(遊紫淸宮)'이다.

23 고려
만우천봉(卍雨千峰) 선사 • 1357 - ?

寒窓射朝旭 危坐爽煩襟　　한창사조욱 위좌상번금
振筆摹山水 開書閱古今　　진필모산수 개서열고금
無心千萬乘 有等亨千金　　무심천만승 유추형천금
自適泉林興 因題方外吟　　자적천림흥 인제방외음

차가운 창에 아침 햇살 꽂히고
단정히 앉아 있으니 번거롭던 마음 상쾌해
붓을 들어 산수를 치고
책을 펴 옛일과 지금 일 가리니
천 만 가지 이룬 일도 마음에 없고
가진 것마저 쓸어내니 천금을 얻은 듯
막힘없이 흐르는 샘, 숲을 기쁘게 하듯이
모든 일에서 바야흐로 신음 벗어났네

【감상】

깨침이란 단순히 환희와 상쾌함만 있겠습니까? 덩실덩실 춤을 추어도 그 기쁨을 다 보여줄 수 없고 과거, 현재, 미래세까지 두루 어루만짐을 누구에게 알린들 알아먹겠습니까?

여기 선사도 무심의 자리에 들어서 모든 것을 쓸어내 버렸으니 누구에게 나누어줄 것도 없습니다. 그저 흐르는 샘물이 수생목(水生木)하듯 당신의 끙끙 앓던 신음소리 하지 않으므로 만족해하고 있습니다.

토끼 뿔, 거북 털, 판치생모(板齒生毛, 앞 이빨에 터럭이 난 것), 똥막대기(乾屎橛), 그딴 것 이제 아무 소용없습니다. 싹 쓸어내었으니 가진 것 없는 그 자체가 천만금의 재산입니다. 시원하시겠습니다.

● 고려 말 조선 초의 학승. 휘는 만우. 천봉은 호. 구곡각운(龜谷覺雲) 선사의 제자. 어려서 학문을 닦아 내외 경전에 두루 통달. 시와 글에 능하여 사방에서 학자들이 모여들었다. 유석학림(儒釋學林)의 사표가 되고 목은 이색, 도은 이숭인 등 유학자들과 교류했다. 세수 90에도 정정하였다고 한다.

24 고려
월창(月窓) 선사 •

岩泉一派曲通林	암천일파곡통림
老樹當軒積翠陰	노수당헌적취음
秋至洞門偏洒落	추지동문편세락
雲還松嶺轉幽深	운환송령전유심
苔碑勝迹傳從昔	태비승적전종석
素壁新詩記自今	소벽신시기자금
坐久精紳更淸爽	좌구정신갱청상
磬聲搖月夜沉沉	경성요월야침침

바위 샘 한 갈래 물은 굽이쳐 숲으로 흐르고
늙은 나무 추녀를 비취색 그늘로 덮었네
가을이 산문에 이르니 낙엽은 지고
구름 솔 고개 돌아드니 더욱 그윽하구나
이끼 낀 비석 훌륭한 자취 예전과 같고
본바탕 저 벽에 새로운 시를 쓰련다
오래 앉아 마음을 다스리니 맑고 상쾌한데
경쇠 소리에 달은 흔들리고 밤은 깊어만 가네

【감상】

  선객의 조용한 정신세계가 우리에게 전해집니다. 흐르는 물, 늙은 나무, 그윽한 구름, 자연의 움직임도 참선에 들었습니다.

  이제 선사는 누구도 손대지 않은 하얀 벽면에 마음을 새기려고 합니다. 깨달음의 시를 쓰려고 합니다. 번뇌 망상의 그림자는 어디에서도 찾아볼 수도 없고 티끌 한 점 보이지 않는 본래 청정한 마음으로 시를 씁니다. 선정(禪定)의 경지가 녹아내립니다.

● 호가 월창. 승명은 의침(義砧). 조선이 개국한 뒤 도승통(都僧統: 고려와 조선 초 승과 관직의 하나)으로서 영통사 주지를 지내다가 법왕사에 주석했다. 음률(소리와 가락)과 그림에 능했으며 창술에 뛰어난 실력이 있었다고 한다. 두보의 시를 번역한《두시언해(杜詩諺解)》를 편찬하였다.

瘦鶴靜翹松頂月　　　수학정교송정월

閑雲輕逐嶺頭風　　　한운경축령두풍

箇中面目同千里　　　개중면목동천리

何更新翻語一通　　　하갱신번어일통

가냘픈 학 깨끗한 자태로 달 뜨는 소나무 위서 쉬고

한가한 구름은 고갯마루 바람 따라 달리네

낱낱이 본래 면목 천 리라도 같은데

어찌 다시 하나로 통한다고 말하라 하는가

【감상】

　외로운 학이 어쩌면 선사의 마음이요, 모습인지도 모릅니다. 너무도 한가로움에 젖어 버리면 달 쳐다보는 학만큼이나 편안하고 정교(靜翹)롭게 될 터이니까요. 그러나 선사에게 고민이 있습니다. 본래면목이란 본래 청정한 것으로 어느 것이나 똑같은 것인데, 다시 똑같다고 말을 맞추라고 하니 귀찮아하고 있습니다.

　본래 같은 것이라면 굳이 같다고 말해야 할 필요가 있겠는가? 말할 필요도 없다는 것, 선사의 의중에서 이미 분별심이 날아가 버렸습니다.

● 선시(禪詩)사전에 시만 있고 어디에도 행장이 보이지 않는다.

生來奇他界　　생래기타계

去也歸吾鄕　　거야귀오향

去來白雲裡　　거래백운리

且得事平常　　차득사평상

이생에 와서는 타향살이

죽음이란 고향으로 돌아가는 것

흰 구름처럼 오고 가는 속에

그 무엇 변함 있으랴 그렇고 그러한 것을

【감상】

이 세상 왔다 가는 것 별거 아닙니다. 흰 구름 흘러가듯 무심(無心)하여 바람 따라서 흘러가듯 우리네 인생 오고 감이 본래 그런 것이었습니다. 여여(如如)합니다. 생겼다가 없어져도 원망하거나 누구를 탓하지 않습니다. 우리의 삶이 그와 같이 올 때 홀로 잘나서 온 것 같지만 이생에 머물던 사바는 타향이었고 이제 돌아가고자 하는 곳은 본향(本鄕)이라 합니다.

화상은 일찍이 깨닫고 계셨습니다. 본향으로 들어서는 순간 억겁의 시간은 멈추어버리고 맙니다. 온갖 것이 조용해졌습니다. 사바 역시 우리가 가고 없어도 아무런 변화가 없습니다.

● 전남 영암 사람. 성은 박(朴)씨. 법명은 대우(大愚). 스님은 12세에 조연(照淵) 장로에게서 머리 깎고 화악(華岳) 대사에게서 경과 교를 배웠으며 환성(喚醒) 대사에게서 선을 이어받고 고압(孤鴨) 선사에게서 구족계를 받았다. 이들 네 분의 선지식은 모두 청허 휴정의 5세 법손이다. 화상의 양미간에 백호가 나 있어 근엄해 보였다. 이 게송은 임종게이다.

27

조선
함허득통(涵虛得通) 선사● 　1376~1433

心同水月迹同塵　　심동수월적동진

讚不忻忻毁不嗔　　찬불흔흔훼불진

任性隨緣閑度日　　임성수연한도일

恢頭土面忘天眞　　회두토면망천진

마음은 물과 달 같지만 그 자취는 티끌이니

칭찬해도 기쁘지 않고 비난해도 성도 나지 않네

인연 따라 생긴 대로 살아가나니

더벅머리 흙투성이 얼굴 천진무구로세

【감상】

　나무 소나 허수아비는 무서운 사자가 아무리 으르렁 거려도 조금도 겁이 나지 않습니다. 유정, 무정 모두 잊어버리고 인연 따라 살아가는 선사는 무엇에도 걸림이 없습니다. 때가 되면 밥 먹고 다리 아프면 쉬어가고…. 자연스럽게 살다 보니 모든 것 다 잊어버리고 하늘의 참된 진리 속에 사는 어린애가 되었습니다.

　아하! 참으로 편안합니다. 구애받지 않는 그 몸과 마음이 속박에서 벗어난 해탈입니다. 어찌 여기에 더 장단을 맞추겠습니까.

● 승명은 기화(己和). 호가 득통, 당호는 함허. 속성은 유(劉)씨. 21세에 관악산 의상암에서 출가 이듬해 회암사에 가서 무학 왕사를 뵙고 법요를 들은 뒤 여러 곳을 참방하고 다니다가 회암사에 돌아와서 크게 깨달았다. 세수 58세 법납 38세로 입적했다. 비는 봉암사에 있고 부도는 가평 현등사에 있다.

28

조선
매월당 설잠(雪岑) 선사● 　1435~1493

萬壑千峰外　　　만학천봉외

孤雲獨鳥還　　　고운독조환

此年居是寺　　　차년거시사

來歲向何山　　　래세향하산

風息松窓靜　　　풍식송창정

香銷禪室閑　　　향소선실한

此生吾已斷　　　차생오이단

棲迹水雲間　　　서적수운간

천 봉우리 만 골짝 저 너머

외로운 구름 새 홀로 돌아가네

올해는 이 절에서 머문다만

내년에는 어느 산으로 가야 할지

바람 자매 소나무 창 고요하고

향불 꺼진 선실은 한가롭네

이생도 나와는 이미 인연을 다해

물 따라 구름 따라 흘러가리라

【감상】

산승의 참모습이 이러하리라. 걸망 하나 달랑 매고 지팡이 짚고 뜨락 나서면 어디로 가야 하나 막막하기 그지없는 것. 혹 그 절에서 방부나 받아 줄는지. 매월당다운 하소연입니다. 석양에 지는 해마저 원망스럽습니다. 걷는 것 자체가 수행의 한 몫이었던 그 시절, 물가는 대로, 구름 가는 대로 몸을 맡겨야만 하는 장부들의 고뇌가 보입니다.

"올해는 이 절에서 머문다만, 내년에는 어느 산으로 가야 할지…."

선객의 외로움이 너무도 진하게 풍깁니다. 차생오이단(此生吾已斷)이라. 이생도 이미 인연을 다했다고 설파하시니 다음 생의 자리를 찾고 계십니다.

● 조선 초기 문인. 충청도 홍산(부여) 사람. 김시습(金時習)이 본명. 자는 열경(悅卿). 호는 매월당. 법호가 설잠. 우리나라 처음으로《금오신화》라는 한문 소설을 썼다. 승속을 왔다 갔다 함. 참수당한 사육신의 여섯 머리를 자루에 담아서 노량진 백사장에 곱게 묻어 주고, 누더기를 입고 전국을 주유(周遊)했다.

29

조선
벽송지엄(碧松智嚴) 선사 ●   1464~1534

花笑陛前雨   화소폐전우

松鳴檻外風   송명함외풍

何須窮妙旨   하수궁묘지

這箇是圓通   저개시원통

꽃들의 웃음 섬돌 앞에 비처럼 내리고
난간 밖에선 솔바람 소리 요란하네
어찌 그리도 오묘한 뜻 찾아 헤매는가
낱낱의 이것들이 모두 깨달음인 것을

도인의 눈에 보이는 모든 자연은 깨달음 그 자체입니다. 꽃들의 웃는 모습까지 보고 있습니다. 선사의 가슴이 웃는 것입니다. 깨달음 없이는 꽃들의 웃음을 읽을 수 없습니다.

두두물물(頭頭物物), 일체의 존재가 상황에 의하여 생기고 상황에 따라 없어지는 것, 있는 그대로를 보라고 합니다. 한문 20자로 모든 매듭을 풀어헤쳐 버렸습니다.

"묘지(妙旨)를 찾아 헤맬 필요가 없다. 개체마다 그것이 깨달음이다."라고 간단명료하게 밝히셨습니다. 이런 선사의 마음의 눈, 즉 혜안 밝음을 보십시오.

● 전북 부안 사람. 속성은 송(宋)씨. 법호는 아로. 당호 벽송. 28세에 계룡사 와초암에서 조계(祖溪) 선사에게 출가하고 선정에 힘써 깨달았다. 임제종의 법통을 청허 휴정으로 이어 나갔다. 제자에게 일러 말하기를 "내가 잠시 서방정토에 갔다 오겠다."하고 얼마 후에 입적, 세수 69세. 저서《일승십현문》등 20여 권을 남겼다.

30

조선
허응당 보우(普雨) 선사 *   1510~1565

獨坐虛樓待月生   독좌허루대월생
泉聲松籟正三更   천성송뢰정삼경
待到待窮無待處   대도대궁무대처
寒光如晝滿山明   한광여주만산명

텅 빈 누에 홀로 앉아 달뜨기 기다리나니
개울 소리, 솔바람은 이미 삼경이네
기다리고 기다리다 지쳐 기다림마저 없는 곳
차가운 빛 대낮같이 산 가득 밝아오네

　모든 것이 정지되었습니다. 정적(靜寂)이 흐릅니다. 너무도 고요하고 고요하여 개울 소리도, 솔바람 소리도 잠들어 버렸습니다. 선사가 어디에 앉아 있는지 조차도 잃어버렸습니다. 그러한 가운데 휘영청 달빛만 고고합니다.

　삼계(三界)도 고요하고, 삼세(三世)도 고요한 맑음의 정신세계, 이제 무엇을 더 바랍니까? 일체가 적멸의 경지에 들었으니 "무위다 유위다, 거짓이다 참이다"라고 따질 것도 없습니다. 대낮같이 밝은 달빛만이 선사의 속내를 알 것입니다.

● 조선 중기의 승려. 16세에 금강산 마하연에 입산. 문정왕후의 신임을 얻어 봉은사 주지가 되었고, 황후의 도움으로 선교 양종제를 부활시켜 승과 과거제도를 실시했다. 이때 서산과 사명이 각각 장원했다. 황후가 죽자 유생들이 상소를 올려 승직을 박탈하고 제주도로 유배, 제주 목사 변협(邊協)에게 피살당했다.

31

조선
청허당 휴정(休靜) 대사• 1520~1604

髮白非心白	발백비심백
古人曾漏洩	고인증누설
今廳一聲鷄	금청일성계
丈夫能事畢	장부능사필
忽得自家底	홀득자가저
頭頭只此爾	두두지차이
萬千金寶藏	만천금보장
元是一空紙	원시일공지

백발이어도 마음은 늙지 않는다고
옛사람은 이미 말했네
지금 대낮에 닭 우는 소리 듣나니
대장부 할 일을 다 마쳤네
홀연히 나를 발견하니
온갖 것이 모두 이것이어라
천언만어의 경전들이
본시 하나의 빈 종이였었네

　왜군을 무찌르려고 승병을 일으킨 총 두령 서산대사, 백발이라고 어찌 마음이 늙겠습니까? 산천초목마저 떨었던 그 기백의 대장부께서 한낮의 닭울음 소리에 깜짝 놀랐습니다. 당신이 당신을 보신 것입니다. 확철대오의 그 순간입니다.

　장부의 할 일을 다 마치시고 보니, 이것이나 저것이나 모두가 다를 게 없고, 8만4천의 경전도 본래는 하얀 종이, 본래 그곳에 당신이 있었습니다.

● 평안도 안주목 사람. 완산 최(崔)씨. 자는 운학. 호는 청허, 서산. 18세에 출가하여 20세에 계를 받고 29세에 승과에 급제하여 선교 양종 판사가 되다. 1592년 임진왜란이 일어나자 사명당과 함께 승병을 일으켜 왜병을 척결한다. 향년 83세로 평안도 묘향산 원적암에서 입적했다.

32

조선
영허당 해일(海日) 선사 • 1541~1609

一肩霞衲任風塵　　일견하납임풍진
定靜功夫亦不眞　　정정공부역부진
虎穴魔宮隨處樂　　호혈마궁수처낙
逍遙天地作閑人　　소요천지작한인

한 벌 누더기를 이 풍진 세상에 맡겼으니
고요히 앉아서 하는 공부 진짜가 아니네
범의 굴 악마의 궁전을 이리저리 누비면서
이 천지에 마음대로 노니는 나그네 되리라

【감상】

　길을 가는 사람도, 길을 오는 사람도, 길 위에 서 있는 사람도 모두 도인(道人)입니다. 여기 진짜 도인을 보고 계십니다. 소요 자적하며 천지를 누비는 도인, 거침도 없고 걸림도 없습니다. 여래(如來), 여거(如去)라 하십니다.

　가만히 앉아서 면벽하는 공부는 이제 끝났습니다. 무르팍만 아플 뿐입니다. 호랑이 굴과 악마 굴을 왔다 갔다 할 수 있는 마음을 얻었습니다. 멋있습니다. 이 풍진 세상에 왔다가 천지간에 한가로운 나그네 되었으니 참으로 멋집니다.

● 만경 사람. 속성은 김(金)씨. 호는 영허. 당호는 보응(普應). 19세에 능가산 실상사에서 인언(印彦) 화상에게 출가하고 묘향산 서산대사에게서 법을 전해 받았다. 능가산에서 69세 입적했다.

33 조선
부휴당선수(善修) 선사●   1543~1615

箇中消息有誰知   개중소식유수지
發憤忘身切起疑   발분망신절기의
团地一聲天地毁   화지일성천지훼
何論北海與南陲   하론북해여남수

저 가운데 소식을 그 누가 알랴
분심(憤心) 내어 몸을 잊고 부디 의심 일으켜라
땅 위에서 배 끄는 소리에 천지가 무너지거늘
북쪽 바다, 남쪽 땅이야 말할 것이 있으랴

【감상】

　많은 것을 알아야 깨우치는 것이 아니라, 조그마한 한 가닥에 걸려서 애를 태웁니다. 그물코를 찾기 위해 한 생각 크게 일으켜서 화롯불을 머리에 이고 맹렬히 추격합니다. 몸뚱아리가 어떻게 되던 아랑곳하지 않습니다.

　순간, 천지가 무너지는 소리가 납니다. 번뜩 무엇인가 스쳐 갔습니다. "옳거니, 이것이로다." 하며 무릎을 칩니다. 장부의 할 일을 마치셨습니다. 천지간의 삼라만상이 나와 하나인 것을, 북쪽 바다가 어떻고 남쪽 변방이 어떻다고 따질 필요가 없습니다.

● 조선 중기 시대 선승. 속성 김(金)씨. 이름은 선수. 20세에 지리산에 들어가서 신명(信明) 장로에게서 수도하고 사명당과 함께 승군으로 활약했다. 송광사에서 64세에 입적. 저서로 《부휴당집》과 시문집 5권 1책이 있다.

34 조선
사명당 유정(惟政) 대사 • 1544~1610

春去芳菲綠滿庭 　　춘거방비녹만정
舊遊松栢夢中靑 　　구유송백만중청
遙知萬二千峰夜 　　요지만이천봉야
海月依前照玉屛 　　해월의전조옥병

봄은 가고 녹음방초 뜰에 가득한데
옛 노닐던 곳 소나무는 꿈속에 푸르렀네
저 일만 이천 봉의 밤을 아득히 생각하노니
바다의 달은 전과 같이 옥 병풍에 비치네

【감상】

　일본으로 끌려간 백성들을 데려오기 위해 현해탄을 건넜던 사명대사. 머물렀던 금강산이 그리워 조용히 한 수 읊습니다. 이 시는 게송이라 하기보다, 대사님의 잔잔한 마음의 노래입니다.

　일본 땅에서, 바다 건너 저 먼 동해에 자락을 내리고 있는 금강산. 아마도 유점사쯤의 언저리를 더듬고 계십니다. 원수의 나라 이국땅에 계시면서도, 담담하고 초연한 자세를 세우고 계십니다.

　대사의 경계에는 원수다, 적이라고 하는 분별심이 없습니다. 그저 그들도 우주 속에 포함된 유정(有情)들이요, 제도해야 할 중생일 뿐입니다.

● 밀양 출생. 조선 중기의 고승. 승장. 풍천 임씨. 속명은 응규. 호는 송운. 당호는 사명당. 시호는 자통 홍제존자. 13세에 직지사로 출가, 신묵 화상에게서 선을 전수받고 1561년 선과에 급제했다. 묘향산으로 가서 서산대사의 제자가 되고 승병장이 되어 왜군을 물리쳤다. 가야산 해인사에서 65세로 입적했다.

泥牛入海杳茫然　　니우입해묘망연

了達三生一大緣　　료달삼생일대연

何事更生煩惱念　　하사갱생번뇌염

也來齋閣乞陣篇　　야래제각걸진편

진흙 소 바다에 들어가 소식 없으니

삼생의 큰 인연 이제 다 끝마쳤네

무슨 일로 또다시 번뇌 생각 일으켜

옛 경전의 글귀 따라 우왕좌왕하겠는가

【감상】

시원합니다. 모든 것을 다 털어버리시고 가시니 참 시원하시 겠습니다. 특히 과거 현재 미래에까지 연결되었던, 인연까지 잘 라버리셨으니, 윤회의 고리도 끊어졌습니다. 이제는 뭘 생각하 실 필요가 없습니다. 이 세상에 다시 오실 필요가 없으니까요.

다시 태어남이 없는 삶, 제대로 된 열반의 길로 가시고 계십니 다. 이제 천상에서 사바의 중생을 어여삐 여기며, 감로수를 드시 겠습니다. 하지만 고뇌 속에 살아가는 중생을 위해 한 번쯤 다녀 가십시오.

● 장흥 사람. 속성은 조(曺)씨. 호는 제월. 15세에 천관사에서 옥주(玉珠) 화상에게 출가했 다. 승병으로 활약하고 서산대사에게서 선의 심법(心法)을 배웠다. 90세에 법납 76세로 입적했다. 저서로《제월집》이 있다. 전남 화순 남면 유마리 모후산 기슭 유마사에 경헌 장노지탑(敬軒丈老之塔)이라는 명문이 새겨진 부도가 있다.

36

조선
청매당 인오(印悟) 선사• 1548~1623

磊落寒聲白日昏　　뇌락한성백일혼
針鋒頭上弄乾坤　　침봉두상농건곤
拈花微笑家初喪　　염화미소가초상
更把虛空作兩分　　갱파허공작양분

마음 열려 거리낌 없는 큰소리 밝은 해를 흔들고
바늘 끝 위에서 하늘과 땅을 희롱하네
꽃을 들자 미소(염화미소) 짓는 그 가풍 이미 그르친 것
또다시 허공을 잡아 두 동강을 내는구나

【감상】

깨달음의 경지란 깨우치는 도인들에 따라서 그 표현이 다릅니다. 부처님께서 설법 도중에 꽃을 들어 보이자, 많은 사람 가운데 제자 한 사람이 조용히 미소를 지었습니다. 이것은 화두 공안 제5측입니다.

인오 선사는 이 화두부터 꼬집고 있습니다. 몰록 깨우치고 보면 염화미소도 웃기는 것, 무당이 작두 타는 것은 아무것도 아닙니다. 이 어른은 저 바늘 끝에서 놀고 있습니다.

아하! 참으로 기분이 좋습니다. 우리는 게송으로서 깨침의 기분을 느끼고 있습니다. 잡히지도 않는 허공을 두 동강 내었으니 생사마저도 없어졌습니다.

● 어릴 때 출가하여 서산대사의 문하에서 선지를 받고 제자가 되었다. 호는 청매당, 자는 묵계(默契). 31세에 묘향산에서 휴정과 함께 수도하던 중 승군에 가담했다. 말년에 크게 발심하여 전북 부안 아차봉 기슭에 월명암을 짓고 목숨을 건 수행을 했다. 이후 지리산 연곡사에서 76세로 입적했다.

37

조선
진묵일옥(震默一玉) 대사[●] 1561~1633

空來世上   공래세상
特作地獄滓矣   특작지옥재의
命布骸林麓以飼鳥獸   명포해림록이사조수

공연히 이 세상에 와서
지옥의 찌꺼기만 만들고 가네
내 뼈와 살을 저 숲속에 버려두어 산짐승들 먹이가 되게
하라

【감상】

어떤 말로서 표현하기 어려운 분이 진묵대사입니다. 굳이 한마디로 표현한다면 '걸쭉한 삶을 살다.'라고 할까? 거침도 없고 걸림도 없는 한 생에서 '곡차'라고만 해야 드셨던 옹고집의 율사였습니다.

'하늘을 이불 삼아, 땅을 자리하여 산을 베고 누었으니…' 참으로 대단한 선승이셨습니다.

가시는 길에 그 걸승답게 한마디 남기시는데 호걸 장부다운 기운이 서려 있습니다. 과연 어떤 이가 당신의 몸을 새나 짐승의 먹이가 되게 하겠습니까?

"공연히 이 세상에 와서…."

참 아름다운 말씀입니다.

● 김제 만경 불거촌 사람. 7세에 전주 서봉사에서 출가했다. 어려서부터 신통함을 보였다. 술을 좋아했는데 술이라고 하면 먹지 않고 '곡차'라면 마셨다. 변산의 월명사, 전주의 원등사, 대원사 등에 주석했다. 생애에 많은 기적을 남겼다.

38 조선
소요태능(逍遙太能) 선사 • 1562~1649

金鎚影裡裂虛空   금추영리열허공
驚得泥牛過海東   경득니우과해동
珊瑚明月冷相照   산호명월냉상조
古今乾坤一笑中   고금건곤일소중

쇠몽둥이 그림자 속에 허공을 찢으니
진흙 소 놀라서 동쪽 바다 지나가네
산호와 밝은 달이 차갑게 서로 비추노니
지금과 옛날, 하늘과 땅이 한 웃음 속에 있구나

【감상】

이 세상 별것 아닙니다. 마음이 허물어지면 세상도 허물어집니다. 방망이 지나가는 소리에 참새 떼 날아가 버리고, 방망이 흔들리는 그림자만 보아도 온갖 형상이 무너집니다.

허공에 뜨인 것이나 물속에 있는 것이나, 예나 지금이나 모두가 똑같습니다. 그러함에도 이것과 저것을 가려 내려 하고, 마음 밖의 것이나 마음 안의 것을 구분 지으려 합니다. 한마음 일어났다가 사그라지면 흔적마저 없는 것을 찾으려 합니다.

무엇이 나이고, 그대는 무엇인가? 부모의 인연으로 이 세상 왔다가 한 소식 얻고 이치를 알았으니, 이 세상 안 왔으면 괜히 서운할 뻔했습니다.

● 담양 사람. 속성은 오(吳)씨. 호는 소요. 13세에 백양사에서 부휴 선사에게 장경을 배우고 묘향산 서산대사 찾아가서 선지(禪旨)를 깨달았다. 저서《소요당집》이 있다. 인조 27년 88세로 입적했다. 연대사에 비가 있고 심원사, 연곡사, 대둔사에 부도가 있다.

조선
중관해안(中觀海眼) 선사 • 1567~?

松風窓外夜生凉   송풍창외야생량

時有泉聲抑更揚   시유천성억갱척

閑坐覓心心不得   한좌멱심심부득

求安心法是膏肓   구안심법시고황

창밖 솔바람에 가을밤 깊어가고
때때로 들리는 듯 말 듯 하는 저 물소리
한가로이 앉아 마음 찾으나 마음 얻지 못하니
없는 마음 찾는 것은 고칠 수 없는 중병일세

【감상】

참으로 심오한 경지에 들었습니다. 산사의 조용한 선실(禪室) 창밖으로 흘러나오는 촛불의 잔영. 거기에 선사 홀로 앉아서 명상에 젖었습니다.

과거심, 현재심, 미래심은 불가득(不可得)이라. 지나간 마음도, 이 순간의 마음도, 다가오는 마음도 얻을 수가 없다고, 부처님께서 《금강경》에서 설하셨습니다. 마음이라는 것은 마음이 아니라, 마음이라고 이름을 붙였을 뿐이라고.

선사께서 오늘 밤 확실하게 확인을 했습니다. 이때의 기분이 어떠하겠습니까? 그저 깊어가는 가을밤처럼 고요하고 적적합니다. 마음이 없으므로 동요(動搖)도 없습니다.

● 전남 무안 사람. 속성은 오(吳)씨. 법호는 중관. 어려서 총명하여 신동으로 불렸다. 스님이 되어 서산대사의 문하에서 묘리를 깨달았다. 승병장으로 왜적과 싸웠다. 중관문파를 세우고 임제종의 정맥을 전해 후학을 이끌었다. 저서 《중관집》이 있다.

柴門逈世擁千岑   시문형세옹천음

林逕無人雪色深   임경무인설색심

何物有情天上在   하물유정천상재

夜來明月獨窺尋   야래명월독규심

세상과 거리가 먼 사립문 천 봉우리 안고 있고
인적 없는 숲길에는 흰 눈만 깊구나
저 하늘에 정이 있는 무슨 물건 있기에
밤이 오면 밝은 달이 홀로 와서 엿보는가

【감상】

마음이 붓이고 붓이 마음입니다. 얼마나 심상이 고우시면 티끌 한 점 보이지 않는 자연을 이처럼 노래할 수 있나요. 아무것도 모르는 산속에서만 살아온 새색시의 마음이 이러할까요?

곱디곱고 맑고 맑아서 다른 언어로 감상한다는 자체가 망언이요, 본지(本旨)를 망가뜨리는 허물이 될 것입니다. 허물이 되는 줄 알면서 더 말을 이어 간다는 것은 흡사 잘 그려진 화폭에 덧칠하는 우를 범하는 것입니다.

선사의 천진무구하신 마음 자락을 그저 흠모할 뿐입니다. 달을 노래한 시는 많고 많습니다. 여기의 달은 너무도 감동을 주는 달입니다. 홀로 와서 엿보는 달, 선사의 벗이요 선사의 마음 같습니다.

● 경기 안성 사람. 속성은 장(張)씨. 12세에 금강산 유점사의 현보 선사에게 삭발 출가. 19세에 칠통을 타파하고 보임(保任)하면서 평안도 어느 목장에서 양치기 생활을 하면서 '편양당(鞭羊堂)'이라는 법호를 쓰게 됐다. 22세 때 묘향산에서 사명대사에게 입실 3년 시봉하면서 스승의 진수를 터득했다. 세수 64세, 법납 53세로 입적했다.

41

조선
취미수초(翠微守初) 선사 ● 1590~1668

意在浮雲閑卷舒	의재부운한권서
守眞常自臥茅廬	수진상자와모여
無端喚起松窓夢	무단환기송창몽
山鳥一聲春雨餘	산조일성춘우여

마음은 저 뜬구름에 한가로이 맡겨두고
도리를 다하며 언제나 띠 풀 집에 누워있네
누가 부르는가, 소나무 창의 꿈을
산새 소리 한 가닥 봄비에 남아 있네

【감상】

　중국의 연 선사는 구름을 타고서 피리를 불었는데, 여기 수초 선사는 마음을 구름에 맡겨두고 있습니다. 참으로 선사들의 깨우친 마음자리는 중생들로서는 감히 짐작하기 어렵습니다. 구름 위에 누워있는 선사나, 풀집에 누웠어도 마음은 구름에 걸어둔 선사나 다를 바 없습니다.

　이처럼 자유자재로 움직이는 이 마음을, 깨우치지 못한 중생들은 번뇌 망상 속에서 허덕일 뿐입니다. 걸림이 없는 선사들의 마음, 바로 그 진심이 세상의 모든 틀을 부숴버리고 환하게 열어젖혔습니다. 오히려 맑은 꿈을 깨우는 산새 소리가 귀찮습니다.

● 서울 태생. 속성은 성(成)씨. 호는 취미. 자는 태혼(太昏). 제월 경헌 화상에게 출가. 39세에 옥천 영추사를 개당하고 교학을 폈다. 성삼문(成三問)의 후손으로 유학에도 정통했다. 부휴계 벽암 각성의 수제자. 함흥의 오봉산 삼장사에서 "무량수불"을 염하며 서쪽을 향해 앉은 채로 79세에 입적. 연변 석왕사, 송광사에 탑이 있다.

42

조선
허백명조(虛白明照) 선사● 1593~1661

相見無言處	상견무언처
山禽已了啼	산금이료제
若能重漏洩	약능중누설
他日恨噬臍	타일한서제

서로 만났으나 할 말이 없구나
산새는 이미 울어 버렸네
만일 거듭 누설했다간
뒷날 후회해도 헛일일세

【감상】

모든 것을 깨우쳐 다 알고 보면, 마음자리이든 어디에고 아무 것도 남는 것이 없습니다. 그러할진대 무슨 말이 필요하겠습니까? 손가락을 까딱할 필요도 없습니다. 꽃을 들어 보일 필요도 없습니다. 이 소식 벌써 산새가 알고 지저귀고 말았습니다.

아하! 참으로 신기한 일입니다.

삼라만상이 다 알고 시공간에 있는 모든 것들이 다 아는 일을, 말하여 무엇하겠습니까? 다시 어떠한 말로 말한다고 한다면, 자기 입으로 자기 배꼽을 물려고 애쓰는 꼴이 될 테니까요. 웃음을 자초하지 말라고 합니다.

● 충청도 홍주(홍성) 출생. 속명은 이희국. 호가 허백. 13세에 출가 사명대사를 찾아가서 승려가 되다. 승군 의병을 했고 이후에 묘향산에 들어가서 불영대를 짓고 수행에 몰두했다. 세수 69세 법납 57세로 입적했다. 저서《허백당집》이 있다.

43 조선
월봉책헌(月峰策憲) 선사 • 1623~?

百尺竿頭能濶步   백척간두능활보

千尋峭壁善經行   천심초벽선경행

又如獨木橋邊過   우여독목교변과

一念纔乖不保生   일념재괴불보생

백 척의 장대 끝에서 활보하며

천 길 절벽을 거침없이 거니네

그러나 또한 외나무다리를 건너는 것 같아

한 생각 결단 어긋나면 생명을 보존 못 하리

【감상】

"백 척 장대 끝에서 한 발짝 앞으로 나아가야 시방세계와 한 몸이 된다."라는 중국 경잠 선사의 게송을 훨씬 앞질러 버렸습니다. 이미 장대 끝도 벗어났고, 천 길 절벽도 훨훨 날고 있습니다.

이쯤 되면 활연대오하여 거침없는 마음이 되어 장부의 할 일을 다 마친 듯합니다. 그러나 어딘가 좀 불안합니다. 외나무다리를 타는 것 같다고 합니다. 한 발 헛디디면 그 길로 끝장납니다.

선사의 경고 참 훌륭합니다. 조금 깨우친 듯했다고 까불지 말라고 합니다. 백척간두 진일보했다고 다 얻은 것도, 확철대오한 것도 아니라고 합니다. 올바른 한 생각 똑바로 뚫었는지 점검해야 합니다.

● 경북 성주 출신으로 이름은 행립(幸立). 호는 월봉, 법명은 책헌. 12세에 해인사로 출가하고 15세에 안노(安老) 화상에게 삭발 수계했다. 17세에 벽암 각성 화상에게 교학을 전수했다. 이후 풍담 의심 선사 밑에서 선을 수행하고 이어서 금강산에서 수행 부휴계 취암 혜란의 법을 이었다. 이후 성주의 불영사를 비롯한 전국 각지에서 후학들을 가르쳤다. 저서《월봉집》이 있다.

44

조선
백암성총(栢庵性聰) 선사● 1631~1700

空山靜夜道心淸   공산정야도심청
萬籟俱沈一明月   만뢰구침일명월
無限世間昏睡輩   무한세간혼수배
孰聆天外步虛聲   숙영천외보허성

빈산 고요한 밤 도 닦는 마음 맑은데
온갖 소리 잠겨 고요하고 달만 밝네
한없는 세상의 사람들 깊은 잠에 빠져
누가 듣겠는가, 하늘 밖에서 허공 밟는 소리를

【감상】

　모든 것을 놓아버린 경계, 오직 당신만이 홀로 산속에 있습니다. 풀벌레 소리도 잠들어 버리고 달빛만 괴괴히 비칩니다. 당신도 그저 달빛을 받으며 앉아 있을 뿐, 자신이 있다는 것마저 잃어버린 듯합니다.

　선정의 삼매에 젖어버렸습니다. 자연 속에 조용히 묻혔습니다. 아무런 생각도 없는 가운데 조용히, 아주 조용히 들려오는 천상의 노랫소리를 홀로 듣고 있습니다.

　기가 막힙니다. 홀로 듣기에는 아깝습니다. 그러나 이 순간 세상 사람들은 잠들어 버렸습니다. 누구 하나 깨어 있다면 더불어 즐길 터인데…. 참 아깝습니다.

● 전북 남원 사람. 성은 이(李)씨. 호는 백암. 13세에 조계산으로 가서 출가하고 17세에 지리산에서 수초(守初) 선사 밑에서 9년 동안 불경을 공부했다. 29세부터 송광사 낙안 징광사 등에서 학승들을 지도했다. 70세에 쌍계사 신충암에서 입적했다. 저서《치문집주》.《백암집》등 다수.

45

一生醜拙示人 　　일생추졸시인

見汝容心自愧 　　견여용심자괴

我欲藏踪秘身 　　아욕장종비신

汝何强顔自媚 　　여하강안자미

呵呵有過終難掩 　　가가유과종난엄

豫讓吞炭亦多事 　　예양탄탄역다사

일생 추하고 옹졸한 꼴 보였으니

그대 모습 보면 스스로 부끄러운 마음뿐일세

나는 자취를 감춰 몸을 숨기고자 하나

그대 어찌 부끄러움을 모르고 아첨하는가

껄껄껄 허물 있으면 숨기기 어렵나니

예양이 숯을 삼킨 것은 다만 흔한 일일 뿐이었네

【감상】

　당신이 당신을 나무라고 있습니다. 당신이 당신의 꼴 보기 싫어서 참으로 솔직하고 담백한 심정으로 꾸짖고 있습니다. 선사들의 멋은 이런 대목에서 존경받습니다. 자신의 마음을, 그리고 모양새까지 형편없이 질책하며 다스리고 있습니다. 아니면 당신을 빗대어 우리에게 들려주는 경책이고 법문이기도 합니다.

　그렇습니다. 단 한 번의 허물이라 할지라도 그 흠집은 남아 있습니다. 평생을 그림자처럼 따라다니며 자신을 부끄럽게 만듭니다. 그 허물 잘 감추었다고 하지만 자기 마음속에서는 지울 수 없습니다. '선비는 자기를 알아주는 이를 위해 죽는다.'라는 유명한 말을 남긴 예양, 장부들이 할 수 있는 일에 불과하다고 합니다.

● 자는 백우. 법명은 명안. 호는 석실 또는 설암.《백우수필집》이 있다. 진주 태생. 12세에 지리산 덕산사로 출가. 만년에 지리산 칠불암에서 수련했다. 밀교적인 정토 신앙을 설파했다. 청매인오의 법손 무영단헌의 법을 이었다. 세수 64세, 법납 52세로 입적했다. 산청 왕산사지에 부도탑이 있다.

46 조선
설암추붕(雪嵓秋鵬) 선사● 1651~1706

深山竟日無人到　　심산경일무인도
滿地白雲長不掃　　만지백운장불소
蝸舍淸幽更寂寥　　와사청유갱적요
簷前但聽觀音鳥　　첨전단청관음조

깊은 산 온종일 찾는 이 없어
뜰에 가득한 흰 구름을 오래도록 쓸지 않네
풀집은 맑고 그윽하고 또한 적막한데
처마 끝 관음조의 노랫소리만 들려오네

【감상】

　도인의 마음 자락이 이 시 한 편에 다 젖어있습니다. 걸림이 없는 경계, 생각으로도 마음으로도 무엇 하나 번거로움이 없습니다. 깊은 산 높은 곳 뜰에는 구름이 안개처럼 펼쳐져 있으나 올 사람도 없으니 걷어낼 필요도 없습니다.

　옹색한 움막집 이곳이 선객의 궁궐입니다. 추녀 끝 높은 기와 집도 필요 없습니다. 관음조의 노랫소리, 천상에서 울리는 비파 소리 같습니다.

　선사의 청아한 기품과 거리낌 없는 마음자리를 모두 들어냈습니다. 사족을 붙이면 붙일수록 흠집만 더할 뿐입니다. 부럽지 않습니까? 객도 주인도 없는 텅 빈 산, 시방세계가 잠잠합니다.

● 평안남도 강동 사람. 속성은 김(金)씨. 호는 설암. 월정사 종안 선사에게 출가 벽계(碧溪)의 법을 받았다. 계행이 엄정하고 언변이 유창하여 학인들이 모여와서 따랐다. 해남 대흥사 5대 강사를 역임했다. 52세에 입적. 저서《설암잡저》3권 3책,《설암난고》2권 1 책을 남겼다.

47

조선
무용수연(無用秀演) 선사 · 1651~1719

臨溪有石狀如鼈　　임계유석상여별

跨背垂釣何處翁　　과배수약하처옹

不覺竹竿隨水下　　불각죽간수수하

貪看躑躅兩岸紅　　탐간척촉양안홍

개울가에 자라 닮은 바위 있으니

자라 등 타고 앉아 낚시 내리는 이 어느 곳의 노인인가

낚싯대 물 따라 흘러가는 줄도 모르고

양쪽 언덕에 붉게 핀 철쭉꽃을 탐스럽게 보고 있네

【감상】

이쪽 언덕(此岸)의 일과 저쪽 언덕(彼岸)의 일이 해결 났습니다. 이쪽 언덕에서 저쪽 언덕으로 건너갈 필요가 없게 되었습니다. 한자리에 앉아서 모든 것을 알아 버렸으니 뗏목이 소용없고, 바짓가랑이에 물 튕길 이유도 없습니다.

흐르는 물에 낚싯대 드리우고 있은 지 하루 이틀의 일은 아닙니다. 바늘 없는 낚싯대 물속에 담그고 있은 지 몇 해인지 모릅니다. 그러나 오늘 붉게 핀 철쭉꽃을 보고 문득 깨우쳐 넋 없이 있을 따름입니다.

앞서 흘러간 물이 뒤따르는 물을 잡을 수 없습니다. 지나간 세월도 뒤 돌릴 수 없습니다. 이제 철쭉꽃 향기에 벌과 나비가 날아들고, 온 세상이 향기롭기 그지없습니다. 아하! 극락이 여기로구나!

● 익산 용안 사람. 속성은 오(吳)씨. 어려서 부모를 잃고 13세에 송광사의 혜관 스님에게 출가하고, 22세 때 침굉 스님의 부촉을 받고 은적암 백암(柏庵) 화상에게 수학했다. 낙안 징광사에서 강의했다. 승속을 뛰어넘는 폭넓은 교류로서 유불(儒佛) 일치론을 주창했다. 세수 69세, 법납 51세로 입적. 저서로《무용당집》2권이 있다.

48 조선
환성지안(喚惺志安) 선사● 1664~1729

西來密旨孰能和 　　　서래밀지숙능화
處處分明物物齊 　　　처처분명물물제
小院春深人醉臥 　　　소원춘심인취와
滿山桃李子規啼 　　　만산도리자규제

서쪽으로부터 온 은밀한 뜻 뉘라서 능히 화답하랴
곳곳마다 분명하고 만물은 드러났네
뜰에는 봄이 짙어서 사람은 취하여 누웠는데
온 산에는 복숭아 자두꽃이요 두견이 울음 우네

【감상】

　모든 것이 분명해졌습니다. 당신의 마음은 무엇과도 견줄 수 없는 경지에 와 있습니다. 보이는 것이나 감추어져 있는 것이나 모두를 알 수 있게 되었습니다. 구름 한 점 없는 빈 하늘처럼 마음은 상쾌하고 자연은 시절의 인연을 맞이하여 봄을 만들고 있습니다.

　온 산에는 온갖 꽃들이 만발했습니다. 꽃들이 품어내는 향기가 가득한 거기 바로 도솔천입니다. 인간의 탈을 벗고 누워보고 싶은 그곳, 바로 거기가 도솔천궁입니다. 지금 선사는 도향(道香)에 취하고 꽃향기에 취해 누웠지만, 두견의 울음소리는 예사롭게 들리지 않습니다. 두견새마저 도솔천으로 데려가고 싶습니다.

● 강원도 춘천 사람. 속성은 정(鄭)씨. 15세에 미지산 용문사에서 출가하고 상봉정원 화상에게 구족계를 받고 17세에 월담 설제의 법을 이었다. 27세에 직지사에서 법회를 주도, 학인 수백 명을 데리고 종풍을 떨쳤다. 61세 때 금산사에서 화엄 대법회를 열고 1천 4백 명을 교화. 66세 제주도로 귀양 가서 입적했다.

49

조선
허정법종(虛靜法宗) 선사 • 1670~1733

脫殼超然出範圍   탈곡초연출범위
虛空撲落無蹤跡   허공박락무종적
木人唱拍哩囉囉   목인창박리라라
石馬倒騎歸自適   석마도기귀자적

껍질 벗고 한계마저 초월했으니
허공이 부서짐에 그 흔적마저 없네
나무 사람 손뼉 치며 노래 부른다. 릴~날라
돌말을 거꾸로 타고 유유히 돌아가네

【감상】

올 때 잘 와야 하고, 갈 때 잘 가야 합니다. 오고 감이 사바에서의 전부입니다. 어찌하여 잘못 왔다가는 업연(業緣)의 늪 속에서 헤매다가 평생을 보내고 맙니다. 그러나 갈 때 기분 좋게 가는 길이 있습니다. 선사처럼 평생 일궈 놓았던 것을 연기처럼 날려 보내고 육신마저 부숴버렸으니 남은 것은 하나도 없습니다. 너무도 가볍습니다.

그래서 노래 부릅니다. 나무 옷 입고 "닐~날라"하며, 그리고 돌로 만든 부도 속으로 육신을 보냅니다. 이렇게 죽기 전에 모든 것을 알면 얼마나 좋겠습니까? 현재에 살면서 미래를 알면 행복한 것입니다. 그것을 깨달음이라 하지요.

● 평안도 삼화 사람. 속성은 전(全)씨. 13세에 옥잠(玉岑) 화상에게 출가. 20세에 월저 도안(月渚道安)에게 대장경을 섭렵하고 설암 추봉의 법을 이었다. 낮에는 경론을 강의하고 밤에는 참선하면서 학자들을 제접했다. 세수 64세, 법납 52세로 입적했다. 저서로 《허정집》이 있다.

50

조선
월파태율(月波兌律) 선사 • 1695~1775

前作何緣今作鳥   전작하연금작조

含愁抱限喪精神   함수포한상정신

血淚山中無用處   혈루산중무용처

不如含口過殘春   불여함구과잔춘

전세에 무슨 인연으로 이 세상에 새가 되어
무슨 한이 그리 많아 그리도 애처로운가
이 산중에서 피 흘려 울어본들 소용없으니
조용히 남은 봄 지냄이 어떠하겠는가

【감상】

두견새의 울음을 설파하시고 계시지만 사실은 고통받는 중생의 마음을 대변하고 있습니다. 고통에 못 이겨 피 터지게 울어본들 그것은 바로 너의 업, 이 세상에 이왕 왔으니 조용히 지내다 가라는 것입니다.

울고, 울고. 그래서 무엇이 남는가? 선사께서 얼마나 애처로우면 슬피 우는 두견에게 넋두리하겠습니까. 선사는 말합니다. 전생에 무슨 인연으로 새가 되었느냐?

멋들어진 법문입니다. 깨달은 이의 삼세(三世) 인연법을 한마디로 간단하게 읊으셨습니다.

● 전주 사람. 속성은 김(金)씨. 15세에 묘향산 불지암에서 삼변(三卞) 화상에게 사기(史記)를 배우고 설봉 화상에게 구족계를 받고 승려가 되었다. 제방을 두루 다니며 선지식들과 교류 깊은 이치를 깨닫고 묘향산에 들어가서 후학을 교화했다. 북방의 큰 화상이라 일컬었다. 저서로《월파집》이 있다.

2부

ⓒ 김양수 화백

중국 선사들의
깨우침 노래, 게송 50선

본정(本淨) 선사 •

四大無主復如水   사대무주부여수
過曲逢直無彼此   과곡봉직무피차
淨穢兩處不生心   정예양처불생심
壅決何曾有二意   옹결하증유이의
觸境但似水無心   촉경단사수무심
在世縱橫有何事   재세종횡유하사

사대는 주인 없어 물과 같으니
곧거나 굽은 곳에서 따지지 않으며
더럽고 깨끗한 데에 마음을 내지 않고
막히고 트인 일에 두 생각이 없듯이
경계를 당하여 물같이 무심하면
세상을 종횡한들 무슨 일 있으랴

마음에는 걸림이 없습니다. 마음은 흐르는 물과 같아서 무심합니다. 이미 경계를 벗어나서 분별이 끊어지고 장애가 없습니다. 지수화풍(地水火風)사대(四大)가 본래 공(空)한 것인데 사대 가운데에서 어디에 마음을 걸어 둘 것인가? 사대가 주인이 없으니 주장할 것도 내세울 것도 없습니다. 나(我)라는 소견이 없으면 도(道)를 볼 것입니다.

돌돌 거리며 흘러가는 저 산골 도랑물이 굽은 곳도 곧은 곳도, 높은 곳도 낮은 곳도 시비를 걸지 않습니다. 걸림이 없는 저 모습이 참마음이라 합니다. 언제 우리는 흐르는 물처럼 걸림이 없을까?

● 강주(絳州, 산시성 신강현) 사람. 속성은 장(張)씨. 시호는 대효(大曉) 선사. 이 게송은 중국 사공산(司空山) 본정(本淨 667~761)선사의 사대무주게(四大無主偈)로써 당대에 대단히 읽혀졌던 것으로 알려졌다. 지금의 호북성 무상사(無相寺)에 주석했다. "부처를 구한다면 마음이 부처라 하고, 도를 알고자 한다면 무심(無心)이 바로 도이다."를 주창했다. 95세 되던 해, 5월 5일에 입적했다.

02 구양산
무료(無了) 선사•

八十年來辨西東	팔십년래변서동
如今不要白頭翁	여금불요백두옹
非長非短非大小	비장비단비대소
還與諸人性相同	환여제인성상동
無來無去兼無空	무래무거겸무공
了却本來性性空	요각본래성성공

80년을 동과 서를 구별하며 살았는데
이제는 백발노인이 필요치 않구나
길지도 짧지도 않고 크지도 작지도 않아
여러 사람과 성품이나 형상이 같구나
오지도 가지도 않고 머물지도 않아서
알고 보면 본래부터 제 성품이 공한 것이거늘

【감상】

생(生)을 마감함에 이르러서 무엇이 필요하겠습니까? 아무것도 필요 없습니다. 팔십 평생을 아껴왔던 몸뚱이도 필요 없고, "동이다, 서다"라며 따지던 생각마저도 부질없는 일이었습니다. 깨달음의 자리에서 공성(空性)의 본래면목을 밝히시고 사바세계의 어지러운 속진(俗塵)을 털어버리시려 합니다.

오는 것도 아니요, 가는 것도 아님은 여래(如來)입니다. 선사는 여래의 지위를 얻고서 후학들에게 "성품이 본래 공한 것이다"라고 다시 한번 일러 주시는구려.

선사의 시호(諡號) 진적(眞寂)처럼 참으로 고요함에 드시려 합니다. 시비도 분별도 없는 적멸의 세계를 향해서 가시는 선사께서는 참으로 기쁘시겠습니다. 달그림자가 소리 없이 뜨락을 쓸고 갑니다.

● 중국 복건성 천주(泉州) 구양에서 태어났다. 속성은 심(沈)씨. 나이 7세에 부친을 따라서 백중원(白重院)이라는 수행처에 몸을 맡겼다가 18세에 영암사(靈巖寺)에서 삭발 수계하고 후에 마조(馬祖) 선사로부터 법을 받았다. 위의 게송을 읊으시고 입적했다. 시호는 진적(眞寂) 대사. 탑명은 영각(靈覺). 제자 중에 혜충(慧忠)선사가 있다.

03 향엄지한(香嚴智閑) 선사 ?~898

去年貧未是貧　　거년빈미시빈
今年貧始是貧　　금년빈시시빈
去年無卓錐之地　거년무탁추지지
今年其錐也無也　금년기추야무야

작년의 가난은 가난도 아니었고
올해의 가난함이 비로소 가난일세
작년에는 송곳 하나 꽂을 땅도 없었으나
올해에는 그 송곳마저 없다네

【감상】

대기대용(大機大用)이라. 기백이 살아 움직이는 정신이 송곳보다 날카롭고 예리합니다. 무소유의 정신을 이처럼 표현하며 살아가는 선사, 오도의 길섶에 선 자태가 보이는 듯합니다.

가진 것 하나하나 버리다 보니 이제는 바리때(절에서 사람들이 쓰는 밥그릇)와 입은 옷이 전부랍니다. 이 정도면 마음도 다 비워 버렸습니다. 송곳도 없는데 송곳 마련할 전대(錢袋)가 있을 수 없습니다. 평생을 선사로 지냈으나 세상 떠난 뒤 저금통장이 많이 나와서 상좌들이 쌈박질하는 세태에서 볼 때 선사의 면모가 눈에 선합니다. 아마도 푸른빛이 뚝뚝 떨어지는 눈을 가지셨겠죠.

많은 선지식이 들먹이는 게송입니다만, 과연 송곳 꽂을 땅도 없고 이제는 송곳마저 없는 자유인이 계신다면 그분은 청복(淸福)을 받으셨습니다. 얼마나 홀가분하겠습니까? 걸림 없는 삶이라 대도(大道)를 걷는 걸음이 가볍습니다.

● 산동성 등주(鄧州) 연태 사람. 속성은 유(劉)씨. 법명은 지한. 위산영우(潙山灵祐) 선사의 제자. 어렸을 때는 백장회해(百丈懷海) 선사에게 출가. 아는 것이 많아서 당할 자가 없었다. 그러나 위산 선사를 만난 후 교학의 한계를 깨닫고 선(禪)에 전념했다. '향엄격죽(香嚴擊竹). 향엄이 기왓장 조각이 대나무 치는 소리를 듣고 홀연히 깨달았다고 한다. 이 게송은 깨침의 소리다.

04 복주●
영운지근(靈雲志勤) 선사●   ?~820

三十年來尋劍客	삼십년래심검객
幾廻落葉幾抽枝	기회낙엽기추지
自從一見桃花後	자종일견도화후
直至如今更不疑	직지여금갱불의

30년 동안 심검(心劍)을 찾던 나그네
몇 차례나 잎이 지고 싹이 텄던가
복사꽃 한 차례 보고 난 뒤엔
지금까지 의심치 않았네

【감상】

　삼십 년이 아니라 평생을 움트고 앉아 있다고 해서 의심의 덩어리가 깨지는 것은 아닙니다. 오늘 선사는 이른 봄, 추위 속에서 한겨울을 보낸 복숭아 가지의 움을 탁 터트리며 피어나는 복사꽃을 보고 화장(華藏) 세계의 현묘한 진리의 문을 열어젖혔습니다.

　시절의 인연을 어기지 못하는 자연의 섭리가 곧 진여(眞如)요, 진여 그 자체가 자연임을 확인하는 순간입니다. 봄, 여름, 가을, 겨울 사시(四時)가 여여(如如)하고 청산은 본래 움직임이 없건만 흰 구름만 쪽빛 하늘에 떠서 오락가락할 뿐입니다. 의심이 없는 선사의 처소, 그 자리에 머무르지도 않습니다.

● 복건성 복주시
● 당나라 때 위앙종의 시조. 위산영우 선사의 법을 받았다. 위산영우 선사의 회하에 있을 때 복사꽃을 보고 깨달았는 데 바로 이 게송이다. 선가에서 많이 회자하는 게송이다. 누가 물었다. "불교의 대의가 무엇입니까?" 선사 "나귀의 일로 가지 않았다. 말의 일이 닥쳐왔다."라고 했다.

05 장주•
나한(羅漢) 계침 화상•

宇內爲閑客　　우내위한객
人中作野僧　　인중작야승
任從他笑我　　임종타소아
隨處自騰騰　　수처자등등

우주 안의 한가한 나그네
사람 가운데 들 중 되었으니
나를 보고 마음대로 웃으시라
가는 곳마다 내 멋대로 살리라

【감상】

누구나 매우 자연스러운 야인(野人)이었습니다. 괜히 화두를 들고 의심의 뭉치를 들었다 놓았다 했습니다. 고개를 들어 우러러보니 해가 돋고, 석양으로 해 떨어지자 별들과 함께 달이 솟아오릅니다. 넓은 들판의 초목과 사슴은 이미 한 식구였는데 혼자서만 눈꺼풀을 껌벅거리며 시방세계 곳곳을 훑고 다녔습니다.

이제 대자유인이 되었습니다. 거리낌 없는 대장부의 가슴으로 세상을 열어가려 함에 그 누구도 두렵지 않고 흉을 본다고 해도 밉지 않습니다.

아! 마음은 시원하고 몸은 편안합니다. 이생에 왔다가 한 소식 얻었으니 더 이상 아무것도 바랄 것이 없습니다. 발길 닿는 곳이 낙원이요, 도량(道場)입니다.

● 복건성 남부 도시
● 관남(關南) 도상(道常) 선사의 제자. 도상 선사의 주먹을 맞고 깨달았다. 《경덕 전등록》에 이렇게 기록되어 있다. "스승은 팔뚝을 걷고서 내 가슴을 한 대 갈겼네. 의심 덩어리가 마치 다람쥐처럼 흩어져 버렸네."라고.

06 수산 성념(省念)선사 • 926~993

白銀世界金色身　　백은세계금색신
情與非情共一眞　　정여비정공일진
明闇盡時俱不照　　명암진시구불조
日輪午後是全身　　일륜오후시전신

은빛 세계의 금빛 몸이니
유정과 무정이 모두 참된 하나로고
밝음과 어둠이 다하여 모두 비추지 못하니
해 저문 오후라야 온전한 몸 보리라

【감상】

　생사(生死)의 거래(去來)란 말속에 있지 않습니다. 이 열반송에서 보듯 깨우친 몸도 지친 마음이 되어 모든 것을 멸진(滅盡) 해 저버릴 준비를 합니다. 있음과 없음이 참된 하나라고 할지라도 남는 것은 빛바랜 몸뚱아리 하나뿐입니다.

　입적에 들 것이라는 암시의 게송을 남긴 뒤, 해거름에 법구(法軀)만 남기고 선사의 혼은 생사 없는 열반에 들었습니다. 밝음도 어둠도 없는 무여열반(無餘涅槃)의 묘문(妙門)을 향해 가고 있습니다. 이제는 일체의 번뇌를 단절하여 어떠한 고뇌도 있을 수 없습니다. 미혹(迷惑)이 끊어졌고 이제 곧 법구도 무(無)로 돌아갑니다.

● 산동성 래주(萊州) 사람. 속성은 적(狄)씨. 고향의 남선원에서 공부하다가 풍혈연소 선사를 만나 법을 얻었다. 임제 선사의 5대손. 누가 물었다. "어떤 것이 부처입니까?" "며느리가 나귀에 타고 시어머니가 끈다."라 답했는데 부처는 경계가 없다는 뜻. 이 게송을 읊고 섣달 초나흘 해거름에 입적했다. 세수 67세.

07 담주•
용산화상(隱山이라고도함)•

三間茅屋從來住　　　삼간모옥종래주
一道神光萬境閑　　　일도신광만경한
莫作是非來辨我　　　막작시비래변아
浮生穿鑿不相關　　　부생천착불상관

삼간 초막에서 쭉 살아왔건만
한 가닥 신기로운 빛, 일만 경계에 한가롭다
옳고 그름을 가지고 나와 따지려 하지 말라
허망한 중생의 억지 물음과는 상관없네

【감상】

　새소리 바람 소리 물소리밖에 없는 깊은 산속 초가삼간에서
웅크리고 은거 한지 언제부터인가? 일찍이 찬란한 한 가닥 빛줄
기로 일만 경계가 부서져 삼라만상의 의문을 모두 털어버렸습
니다. 괜히 선문답한답시고 아는 척하지 말라고 합니다. 모두가
부질없는 말장난에 불과한 것이니 한 소식 얻었으면 조용히 선
지(禪旨)를 닦아 나아갈 일이지 망상을 일으키지 말라고 합니다.
한가로운 경계에 맑은 바람이 살랑거릴 뿐입니다.

● 호남성 장사시(長沙市)의 옛 지명.
● 마조도일 선사의 제자. 선객들과의 문답 가운데 동산양개 선사와의 문답이다. "화상께
　서는 어떤 도리를 보셨기에 이 산에 사십니까?" "나는 두 진흙 소가 싸우다가 바다로
　들어가는 것을 보았는데 아무 소식이 없소이다." 그리고 이 게송을 읊었다.

最甚深 最甚深　　　최심심　최심심

法界人身便是心　　법계인신편시심

迷者迷心爲衆色　　미자미심위중색

悟時刹境是眞心　　오시찰경시진심

身界二盡無實相　　신계이진무실상

分明達此號知音　　분명달차호지음

가장 깊고 깊어 신비롭구나

법계와 사람 몸 모두가 마음일세

미혹한 이는 물질의 경계라 하나

깨달으면 넓은 세계가 참 마음일세

몸도 세계도 진실함이 없으니

분명히 이를 알면 한 소식한 자라 부르리라

【감상】

마음 밖에서 무엇을 찾을 것인가? 오온(五蘊)으로 뭉쳐진 덩어리가 몸뚱아리요, 몸과 마음이 둘이 아니며 이 모두가 실상이 없는 것, 시시각각으로 빛깔이 바뀌며 변화무쌍한 세계가 마음의 작용입니다.

인연으로 생겼다가 사라지는 것이 무상(無常)이라면, 생겨나지도 않고 멸하지도 않는 여여한 진여(眞如)의 세계가 있습니다. 그 세계에서 본다면 무엇을 색(色)이라 하고 또 무슨 경계가 있겠습니까? 깨달은 자, 지음자(知音者)만이 알 것입니다.

● 호남성 장사시
● 남전보원 선사의 제자. 처음에는 록원(鹿苑)에서 1세 주지를 하고 남전의 법을 이은 후에 여러 곳을 인연을 따라 중생들을 제접하고 청에 따라 법을 설하니 당시의 사람들이 장사(長沙)화상이라고 했다. 선기(禪氣)가 가득한 게송 "백 길 장대 끝에 요동치 않는 이를 깨달았다/ 하지만 귀하지 않나니/ 백 길 장대 끝에서 걸어 나가라/ 시방세계 비로소 자기 몸이 되리라"도 있다.

오대산
지통(智通) 선사 *

擧手攀南斗　　　거수반남두
廻身倚北辰　　　회신의북진
出頭天外見　　　출두천외견
誰是我般人　　　수시아반인

손을 들어 남두성을 붙잡고
몸을 돌려 북극성에 기댄다
머리를 내밀어 하늘 밖에서 보니
누가 나와 같을 사람이든가

【감상】

하늘 높이 솟은 솔개가 가물거리는 땅을 내려다봅니다. 날갯
짓도 없이 바람을 가르며 떠 있는 솔개는 산하대지며 저 멀리
넘실거리는 바다까지도 봅니다. 우리네들은 눈을 치켜뜨고 보
아도 고작 산야(山野)요, 사방의 빌딩의 벽면입니다.

선사는 지금 빈 하늘에 몸을 띄우고 우주선처럼 여러 별과 함
께 유행(流行)하고 있습니다. 화엄의 세계에 돌입하였습니다.

우주 법계의 질서를 따르면서 보니 지구 속의 군생(群生)은 한
낱 가소로운 형상에 불과합니다. 물고기가 아니면 물고기의 낙
을 모릅니다. 선사의 경지를 누가 알겠습니까? 허공에는 본래
사다리가 없습니다.

● 남전보원 선사의 법손. 마조도일의 법을 이은 귀종 선사의 회상에 있을 때 어느 날 밤
에 법당 주변을 돌다가 큰소리로 "나는 이미 깨달았다"라고 소리쳤다. 귀종이 물었다.
"무슨 도리를 보았는가?" "비구니는 원래 여자로 된 것이다"라고 답했다. 귀종이 잠자
코 인가했다.

10 장경혜릉(長慶慧稜) 선사 ● 854~932

萬像之中獨露身 　　만상지중독로신

惟人自肯乃方親 　　수인자긍내방친

昔年謬向途中覓 　　석년류향도중몃

今日看來火裏氷 　　금일간래화리빙

만 가지 형상 가운데 홀로 드러난 몸을

오로지 사람만이 스스로 알고 친하나니

지난날 잘못하여 길 가운데에서 찾았는데

오늘에 이르러보니 불 속의 얼음일세

【감상】

몸 밖에서 마음을 찾을 수 없고, 마음 밖에서 법을 찾을 수 없습니다. 몸과 마음이 따로 놀 수 없는 것은 본래가 둘이 아니기 때문입니다.

지나가는 바람을 기둥에 묶어 놓을 수 없고 그림자를 붙잡고 씨름할 수도 없는 일입니다. 실상(實相)이라는 이치가 있어서 허상(虛相)이라는 대구(對句)가 있지만 역시 둘이 아님과 같이, 불과 물(얼음) 또한 하나요, 본래 없었던 것이며 항차 없어질 것들입니다. 불 속에 얼음 박힌 것을 본 것도 헛것입니다.

● 절강성 항주(抗州) 염관(해염현) 사람. 속성은 손(孫)씨. 13세에 강소성 소주 통현사에서 득도하고 이후 여러 선방을 다녔다. 설봉의존 선사의 제자. 12년 동안 스승도 방문하고 제방의 선지식을 찾아다니며 좌복을 12개나 떨어뜨렸으나 얼음이 없었다. 어느 날 문에 친 발을 걷으며 밖의 풍광을 보는 순간 깨쳤다. 그때의 게송이다. 99세에 입적했다.

11 무주●
소산광인(疎山光仁) 선사●

我路碧空外 아로벽공외
白雲無處閑 백운무처한
世有無根樹 세유무근수
黃葉凡送還 황엽범송환

나의 갈 길은 푸른 하늘 저쪽인데
흰 구름은 한가로이 머물 곳이 없구나
세상엔 뿌리 없는 나무가 있어
바람결에 가랑잎만 오락가락하누나

【감상】

　시공(時空)을 초월한 조각구름 푸르른 창공에 떠서 일렁거리듯 인간 세상도 부초처럼 바람 부는 대로 물결치는대로 떠돌다가 갑니다.

　다섯 글자 넉 줄로 간략하게 온갖 시련을 다 담아서 한입에 뱉어버리고 홀홀히 이생을 마감하고 삶 없는 적멸의 숲속에 잠깁니다. 장광설의 법문도 없고 "무엇이 부처인가"라는 물음도 없는 곳으로 가고 있습니다.

　눈이 있으나 볼 수도 없고, 입이 있으나 말할 수도 없으며, 귀가 있으나 들리지도 않습니다. 매사가 조용합니다.

● 강서성 현급 시.
● 동산양개 선사의 제자. 《약화엄경장자론》을 저술했다. 키가 작고 말씨가 능숙하여 대중을 휘어잡는 이론가였다. 입적 전에 누가 물었다. "사후에 어디로 가십니까?" "잔 등 밑에는 풀밭이요, 네 다리는 하늘을 가리키느니라." 이 게송을 마치고 입적했다.

12 복주
현사사비(玄沙師備) 선사 • 835~908

玄沙遊徑別	현사유경별
時人初須知	시인초수지
三冬陽氣盛	삼동양기성
六月降霜時	육월강상시
有語非關舌	유어비관설
無言切要辭	무언절요사
會我最後句	회아최후구
出世少人知	출세소인지

현사가 거니는 길은 특별하나니
어느 때 사람들이고 처음부터 반듯이 알라
한겨울에 봄기운이 성하고
유월에 서리가 내린다는 것을
말은 있으나 혀와 관계가 없고
말은 없으나 절실한 언어는 필요하다
나의 마지막 구절을 아는가
속세를 떠나도 아는 이가 적구나

【감상】

"안 보이는 것을 보고, 들리지 않는 것을 듣고, 얻은 것도 없지만 만져지는 느낌, 그것을 아는가? 따지지 말라. 하나하나 가려서 설명할 수 없는 그 경지를 어찌 말로 하며 말로 한들 알아듣겠는가?"

참으로 필요한 말은 말 없는 그 속에서 살아 움직입니다.

누가 선사의 깊은 속을 알겠습니까? 그래서 자신이 거니는 길이 특별하다고 앞세우고 있는 듯합니다. 겨울이 봄을 잉태하고 뜨거운 여름에 서리를 내려서 더위를 식혀주는 오묘한 진리를 세인들이 어찌 알겠습니까? 속계(俗界)를 벗어난 사람들도 다 알지 못한다고 합니다.

● 복건성 복주 사람. 세속의 성은 사(謝)씨. 젊어 남대생 강에서 고기잡다가 30세에 홀연히 배를 버리고 불문에 들어왔다. 부용산 영훈 선사에게서 머리를 깎고 개원사의 도원사에게서 구족계를 받았다. 짚신과 베옷에 겨우 기운을 이어줄 정도로만 먹고 온종일 좌선을 했다. 현사사에 움막을 엮었는데 대중이 몰려 총림을 이뤘다.

13 복주
고산흥성(鼓山興聖) 국사 •

直下猶難會	직하유난회
尋言轉更賒	심언전갱사
若論佛與祖	약논불여조
特地隔天涯	특지격천애

당장에도 가히 만나기 어렵거늘
말을 쫓아서 찾으면 더욱 멀기만 하다
만약 부처와 조사를 의논한다면
뚜렷이 하늘과 땅의 차이가 난다

【감상】

도를 이룸에 있어 문자도 앞세우지 말고(不立文字) 말도 끊어버리고(言語道斷) 부처도 죽이고 조사도 죽이라(殺佛殺祖) 했던가. 그래서 선사는 그러한 것들을 들추어내지 말라고 엄하게 꾸짖고 있습니다.

마음의 찌꺼기를 태우는 것은 문자도, 말도, 부처도, 조사도 아니라고 합니다. 밝은 해가 둥실 떠오르면 안개 사라지듯, 마음을 밝히는 것은 맑고 빛나는 마음자리를 찾는 것, 시시비비에 얽매이지 말라는 겁니다. 있다거나 없다거나 하는 분별까지도 떠나버린 마음자리가 적정의 즐거움을 불러올 것입니다. 하늘과 땅의 차이는 너무도 큽니다.

● 대량(大梁) 사람. 속성은 이(李)씨. 호는 신안(神晏). 어려서부터 누린내를 싫어하고 범종 소리만을 좋아했다. 위주 백녹산 도규 선사에 머리를 깎고 숭악에 가서 구족계를 받았다. 설봉의존 선사의 제자다.
"오호 사해에서 온 이들이 높은 봉우리에서 산천을 구경하기는 했으나 한 사람도 통한 이는 없다. 지금이라도 통하면 어둠을 거두리라"라고 한 뒤 위의 게송을 읊었다.

14

월주●
사내(師鼐) 선사●

淸風樓上赴官齊	청풍루상부관제
此日平生眼豁開	차일평생안활개
方知普通年遠事	방지보통연원사
不從蔥嶺路將來	부종총령로장래

청풍루에서 관원의 공양을 받다가
이날 평생의 안목이 확연히 열려
바야흐로 알았네, 보통(양무제) 때의 멀고 먼일을
총령(달마의 길)을 거쳐서 온 것이 아닌 줄

【감상】

도의 깨침이란 걷거나, 머물거, 앉거나, 눕거나에 걸림이 없습니다. 선사는 누각에서 공양하시다가 눈을 번쩍 들어 햇빛을 보는 순간 확연히 깨우치셨습니다. 도를 깨우친다는 것은 멀고 먼 옛적부터 정해져 있는 것도 아니요, 달마대사의 9년 면벽 참선법만이 아니라는 겁니다. 찰나에 번뜩 대오하는 신묘함이 있다는 겁니다.

옛 조사들의 말에 의하면 "도를 깨우치는 것은 세수하다가 코 만지기보다 쉽다"라고 했는데 아마도 선사는 밥숟가락을 들고 깨침을 얻었으니 옛말이 틀리지 않는 듯합니다. 참으로 깨침이란 가까이 있는 것인가?

● 절강성 현급의 시(市).
● 설봉의존(822~908)의 제자. 호는 감진(鑑眞). 민(閩)나라 초대국왕(왕심지(王審知): 862~925)이 복주 위무군. 절도사로 있을 때, 초청을 받아 청풍루에서 공양하다가 번쩍 고개를 들어 햇빛을 보고 홀연히 깨달았다. 누가 "어떤 것이 부처의 몸입니까?"라고 물었다. 선사가 "혀가 삼천대천세계를 덮었다"라고 답했다.

15 복주
부용산 여체(如體) 선사•

古曲發聲雄	고곡발성웅
今時韻亦同	금시운역동
若教第一旨	약교제일지
佛祖盡迷蹤	불조진미종

그 옛날 가락도 웅장한 소리를 내더니
지금의 메아리도 여전하구나
만약 제일의 자리를 가르치라 한다면
부처도 조사도 모두가 어리둥절하리라

【감상】

　진리란 영원히 변치 않는 것이며 없어지지도 않는 불멸의 이치입니다. 부처님의 말씀이 몇천 년, 몇만 년을 흘러가도 고칠 글자 하나 없이 영원한 것입니다. 진리이기 때문입니다. 그리고 부처님의 말씀은 웅장하고 그 울림도 거창합니다. 그래서 선사께서 언설(言說)이나 명자(名字)로써 분별하려 하지 말라고 일침을 놓고 있습니다.

　진여(眞如)의 본체에는 아무 것도 보탤 것이 없습니다. 일체의 법이 모두 다 똑같아서 여여(如如)한데 옛사람의 곡조를 왜 묻는가? 깨우침을 얻은 선각자들의 한마디 한마디가 바로 법이요, 진리입니다. 엉뚱한 소리로 세상을 어지럽히지 말라 합니다.

● 설봉의존 선사의 제자. 행장의 기록이 없다. 어느 날 어떤 선객이 "어떤 것이 옛사람의 곡조입니까?" 하니 선사가 한참 있다가 "들었는가?" 하고 물었다. "못 들었습니다."라고 하자 이 게송을 읊었다.

16

양주●
처진(處眞) 선사●

一片凝然光璘爛	일편응연광린난
擬意追尋卒難見	의의추심졸난견
炳然擲著豁人情	병연척저활인정
大事分明皆總辦	대사분명개총변
是快活　無繫絆	시쾌활　무계반
萬兩黃金終不換	만양황금종불환
任地千聖出頭來	임지천성출두래
從是向渠影中現	종시향거영중현

한 조각 단정하고 조용하여 광채 찬란한데
헤아리면서 쫓아 찾으면 끝내 보지 못하리라
환하게 던져서 사람의 정 깨달아 주니
큰일이란 분명하여 아무나 가려내리라
쾌활하고도 얽매임이 없으니
만 량의 황금으로도 바꿀 수 없노라
일천의 성인이 머리를 들고 나오더라도
모두가 그의 그림자 속에서 나타나누나

【감상】

깨달아 본 바가 없는 이가 어찌 깨달은 자의 기쁨을 알겠는가? 연(鳶) 실로 코끼리를 끄는 기분일까? 역시 깨달은 사람만이 아는 것입니다.

만 량의 황금과도 바꿀 수 없는 그 쾌활함, 그 소식 얻고자 헤아릴 수 없는 많은 눈 푸른 청사(淸士)들이 오고 갔습니다. 얽매임에서 벗어난 활안(活眼) 대오(大悟) 그 순간을 맛보기 위해서 면벽 참구에 쏟은 시간들 한순간에 녹아내립니다.

일편(一片)이라는 공안(公案)을 세운 선사. 제 모양(그림자) 속에 자기 있고 그 자신이 결국은 깨달음을 얻는다고 합니다. 제 그림자를 또렷이 보십시오. 바로 꽁꽁 묶여있던 동아줄이 풀어진다고 합니다.

- 강소성에 있는 도시.
- 조산본적 선사의 제자. 어느 선객이 물었다. "어떤 것이 화상의 가풍입니까?" 하니 "소금은 있는데 초(醋:식초)가 없다"라고 답했다. 선문답이 날카롭고 선기(禪氣)가 가득하다. 많은 제자를 두었다. "한 마디로 확 트일 때 어떠합니까?"라 묻자 이 게송을 읊었다.

17 소주•
용광(龍光) 화상•

龍光山頂寶月輪   용광산정보월륜
照耀乾坤燦暗雲   조요건곤찬암운
尊者不移元一質   존자불이원일질
千江影現萬家春   천강영현만가춘

용광산 꼭대기에 보배로운 달 떠올라
천지를 찬란히 비추니 먹구름 사라지네
존자는 옮기지 않는 한 몸 뿐인데
천 강 그림자 비쳐 집마다 봄이로고

【감상】

　달은 하나요, 강이 천이나 만이어도 그 강물 위에 하나의 달은 모두 떠 있습니다. 존귀하고도 덕 높은 용광 선사 십천 겁 전의 용광 왕불(王佛)처럼 현세에 오셔서 번뇌 망상의 먹구름을 녹여 내시고 온 세상에 덕행을 베푸십니다. 비록 몸은 하나지만 베푸시는 음덕이 넘쳐나서 한 구절 설법에 온 세상 사람들이 기쁨을 얻고 있습니다.

　달빛이 온 누리에 두루 비춘다지만 문지방 안에는 비치지 못합니다. 모두 문을 활짝 열고 달빛을 맞이하십시오. 맞이하는 자만이 광명을 맛 볼 것입니다. 밝음 가운데 어둠이 있고 어둠 가운데 밝음이 있다고 했습니다. 본래는 밝음도 어둠도 없었습니다.

● 광동성 북부 도시.
● 청림사건 선사의 제자. 어느 선객이 물었다. "빈두로 존자는 한 몸으로 4대 천하의 공양을 받았습니까?" 선사는 말했다. "천 강이 모두 달 하나뿐이요, 만 집이 다 같이 봄을 맞이한다. 이 소식을 알겠는가?" 하고서 이 게송을 읊었다.

18 천태산
국청사 소정(小靜) 상좌•

幻人與幻幻輪圍 　　환인여환환륜위
幻業能招幻所治 　　환업능초환소치
不了幻生諸幻苦 　　불료환생제환고
覺知如幻幻無爲 　　각지여환환무위

요술꾼이 요술 부려 요술을 굴리니
요술의 업이 요술로 고칠 병을 부르네
모르면 요술에서 온갖 요술 고통 생기고
깨달음은 요술 같아 요술은 함이 없네

【감상】

　세상을 자세히 들여다보면 허망한 요술쟁이와 같습니다. 바른 듯 돌아가다가도 허망한 결과를 부르고, 천지를 개벽할 듯이 요란스러움도 어느새 사라지는 종잡을 수 없는 것이 세상 놀음입니다.

　"법들이 모두가 요술같이 있다면/ 온갖 죄를 지어도 허물이 없겠거늘…."이라는 물음에 대하여 참으로 간단명료하게 대꾸를 하고 있습니다.

　깨달음 역시 요술 같아서 요술 그 자체가 무위(無爲)라고 합니다. 요술 같음이나 진실이라는 것도 알고 보면 둘이 아닙니다. 먹구름이 흘러가는가? 푸르른 하늘이 가는가? 마른하늘에 번개가 칩니다.

● 현사사비 선사의 제자. 천태산 국청사에 살면서 단 한 번도 산문을 나서지 않았다. 3학(學)을 두루 열람하여 통달하였으며 지조와 행이 고고하였다. 선정을 닦는 시간 외 여가에는 늘 경전을 가까이했다. 모두 흠모하고 존중하여 '소정'이 아니라 '대정상좌'라 했다.

19 경조●
중운지휘(重雲智暉) 선사●   872~956

我有一間舍 父母爲修蓋   아유일간사 무모위수개

往來八十年 近來覺損壞   왕래팔십년 근래각손괴

早擬移住處 事涉有憎愛   조의이주처 사섭유증애

待他摧毁時 彼此無相礙   대타최훼시 피차무상애

나에게 집 한 채가 있는데

부모님이 지붕을 덮어 주셨네

80년 동안 왕래하노라니

요사이 차츰 망가져 가는 것을 느끼네

일찍이 헤아려 딴 곳으로 가려 했는데

밉고 고운 일에 끄달려 이루지 못했네

무너질 때를 기다리는 그 일

그 일과 나는 서로 막지 못하리

【감상】

　세인이 죽는 것을 별세(別世)라 하고, 도인이 시적(示寂)하심을 열반(涅槃)이라고 합니다. 도인들은 이 세상을 하직하심을 두려워하지도 겁내지도 않습니다. 생사 거래를 담연(淡然)하게 받아들여서 오히려 부질없는 생애의 덧없음을 탓할 뿐입니다.

　84년을 이끌어 왔던 육신을 버리려고 합니다. 애증에 이끌려 다니다 보니 육신 버리는 것을 미뤄왔는데 이제는 어쩔 수 없다고 넋두리를 하십니다. 시절 인연도 또한 나도 막지 못한다고 합니다.

　"어떤 것이 근원으로 돌아가 뜻을 얻는 것인가?(如何是歸根得旨)"의 질문에 "일찌감치 잊어버려라(早時亡却)"로서 귀근(歸根)이라는 공안을 세우셨던 선사, 뿌리로 돌아갔습니다.

● 당나라 수도 장안(서안).
● 함진 사람. 속성은 고(高)씨. 규봉의 온(溫) 화상을 참문하여 미묘한 말들을 듣고 혼자만의 독특한 수행법으로 터득하여 비밀의 열쇠를 열었다. 선사의 생애에는 신비로운 일들이 많았다고 한다. 게송을 마치고 입멸하니 세수 84세, 법랍 64세였다.

20 장주•
청활(清豁) 선사•

行不等閑行 誰知去住情　행불등한행 수지거주정
一餐猶未飽 萬戶勿聊生　일찬유미포 만호물료생
非道應難伏 空拳莫與爭　비도응난복 공권막여쟁
龍吟雲起處 閑嘯兩三聲　용음운기처 한소양삼성

행은 등한한 행이 아니니
뉘라서 가고 오는 정을 알랴
한술 밥에 배부르지 않고
만 호의 도움도 별것 아니네
도가 아니면 굴복시키기 어렵고
빈주먹이니 싸우려 하지 말라
용이 읊조리며 구름 이는 그곳
한가한 휘파람 몇 차례 들리네

【감상】

이 게송은 청활 선사가 대장산(大章山) 계여암주(契如庵主)를 찾아가서 담론하다가 암주의 높은 덕을 흠모하여 찬(贊)한 것입니다. 밤이 되어서 암자 앞에 이리와 호랑이가 모여 왔는데 자연히 길들여 있는 것을 본 청활 선사, 계여 선사의 도력에 감탄을 아끼지 않고 있습니다.

도력과 덕 높음을 칭찬할 수 있는 혜안이 열려있는 선사 역시 존경받을 도인이십니다. 한마디로 상대의 대구(對句)에 주먹을 들거나 방망이를 세우는 선풍(禪風)에서 볼 때, 덕망을 높이 찬양함은 서로 도가 익었음을 인가하는 대목이라고 할 것입니다.

대장산의 휘파람 소리가 들리지 않습니까?

● 복건성 남부 도시.
● 복주의 영태 사람. 고산의 흥성 국사에게 머리를 깎고 계를 받은 뒤에 대장산의 계여(契如) 암주를 참문하는 등 여러 선문을 두루 거쳤다. "내가 죽거든 벌레들에게 주어라" 하고 산에 들어가서 넓은 반석 위에 반듯이 누워 적멸에 들었다.

21 명주●
대매산 법상(法常) 선사● 725~839

摧殘枯木倚寒林   최잔고목의한림

幾度逢春不變心   기도봉춘불변심

樵客遇之猶不顧   초객우지유불고

郢人那得苦追尋   영인나득고추심

앙상한 고목이 묶은 숲에 섰으니

몇 차례 봄이 와도 변할 줄 몰랐네

나무꾼이 보아도 본체만체하거늘

능숙한 목수 어찌하여 힘들여 찾는가

【감상】

　산속에 묻혀서 수행해 온 지 몇 해인지도 모르고 누구와 만나서 얘기 한 번 나눈 적도 없습니다. 바람 소리 새소리 졸졸거리는 산골 시냇물 소리밖에 모르고 살았습니다. 선사 자신을 고목에 비유해 말하고 있듯이 인적이 끊어진 산속에 은거하며 얻은 소식을 깨달음으로 승화시키고 있습니다.

　나무꾼도 돌아보지 않는 고목(선사)을 능숙한 목수(스승)가 찾고 있음에 대한 투정입니다. 그 오랜 세월 산속에 묻혀 깨달음을 얻었으니 스승이 찾는 것도 그리 반갑지 않고 오히려 귀찮아합니다. 깨닫기 이전에 스승이지 깨닫고 보면 스승이나 자신이나 별반 다를 바 없습니다. 무심(無心)이 진심(眞心)입니다.

● 절강성 영파의 옛 이름.
● 호남성 양양(襄陽) 사람. 속성은 정(鄭)씨. 어릴 때 형주 옥천사에서 삭발 출가했다. 처음 마조(馬祖) 선사를 만나 "여하시불(如何是佛)－무엇이 부처입니까?" "즉심시불(卽心是佛)－마음이 곧 부처니라." 이 답에 즉석에서 크게 깨달았다. 대매산에서 40년 동안 '즉심시불'의 종풍을 선양하고 88세로 입적했다.

영명연수(永明延壽)
지각(智覺) 선사●   904~975

師初得道 卽心是佛   사초득도 즉심시불
最後示徒 物非他物   최후시도 물비타물
窮萬法源 徹千聖骨   궁만법원 철천성골
眞化不移 何妨出沒   진화불이 하방출몰

대사께서 처음 도를 깨치실 때는
마음이 그대로 부처라 하시더니
마지막에 대중에게 보이실 때는
그 물건 딴 물건 아니라 하네
만법의 근원 다 아시고
천 성인의 골수 끝까지 깨치시니
참된 덕화 변함없어
들고 남에 무슨 방해 있으랴

【감상】

한 발자국도 움쩍하지 않고, 시방세계에 두루 노닐고, 한 생각
도 일으키지 않고, 무변 삼세를 더듬는다고 했던가요? 즉심시
불-마음이 곧 부처다. 깨친 이의 처지에서 볼 때 쉬운 말이나 미
혹한 중생에게는 태산을 짊어진 듯 무게를 느낍니다.

지극히 큰 것은 울타리가 없으며 지극히 작은 것은 알맹이도
없습니다. 깨침의 자리에 무엇이 남아있겠습니까? 현묘한 깨침
은 어느 문을 통과하는 것이 아니라 그 문이 애초에 없었던 것
입니다. 그래서 참으로 깨친 이는 들어가고 나가고 함에 걸림이
있을 수 없습니다.

● 절강성 항주부 여항현 사람. 속성은 왕(王)씨. 28세에 사명 취암 선사에 출가. 후에 천
태산에 가서 덕소 국사의 법을 받았다. 961년 혜일산 영명사로 주석처를 옮겨 수행했
다. 세수 72세, 법납 47세로 입적했다. 시호 지각. 저서《종경록》100권,《만선동귀집》
등이 있다.

23 양주•
방온(龐蘊) 거사•
?-808

心如境亦如 無實亦無虛　　심여경역여 무실역무허

有亦不管 無亦不居　　유역불관 무역불거

不是賢聖 了事凡夫　　부시현성 료사범부

易復易 卽此五蘊有眞智　　역부역 즉차오온유진지

十方世界一乘同　　십방세계일승동

無相法身豈有二　　무상법신기유이

若捨煩惱入菩提　　약사번뇌입보리

不知何方有佛地　　불지하방유불지

마음도 그렇듯이 경계도 그러하여

진실도 없고 허망함도 없다

있음에도 관계치 않고

없음에도 머물지 않으니

이는 성현이 아니요

일을 마친 보통 사람일 뿐이라오

쉽고도 쉽구나

이 오온 속에 참 지혜가 있다는 것

시방세계 한 수레를 타고 있으니
형상 없는 법신이 둘이 있으랴
만약 번뇌를 버려야 보리에 들어간다면
어디에 부처 경계 있을지 모르겠소

【감상】

마음은 사물의 세계에 머무르거나 형상이 없는 세계에 머무르지도 않으며, 머물러 있다는 생각이나 그와 같은 경지에도 머물지 않는 것이니 어찌 마음과 경계가 둘이겠습니까?

오도(悟道)의 위치에서 보면 진실과 허망 역시 둘이 아닌 것, 방온 거사의 위치는 확실해졌습니다. 겸허하게도 거사는 성현이 아니라 일을 마친 범부일 뿐이라고 합니다.

사실 깨침의 자리는 성현과 범부가 따로 없습니다. 번뇌가 있으므로 보리를 얻으려 하는 것입니다. 본시 번뇌가 없었다면 깨달음을 얻으려고 공부하지 않았을 것입니다. 방온 거사는 바로 이점을 지적합니다.

● 호북성 양양(襄陽)의 옛 지명. 북위(北魏) 시대에는 하남성에 있었다고 한다.
● 중국 선종사에 거사(居士)로서 크게 선풍을 드날렸다. 인도의 유마 거사에 비유된다. 석두 희천 선사를 참방 선지를 터득하고 마조도일 선사를 맞아 크게 깨쳤다. 대부호였으나 빈궁한 사람들에게 재산을 나누어 주고 산속에 들어가서 초막을 짓고 살았다.

24 강서
지철(志徹) 선사 •

因守無常心 佛演有常任　인수무상심 불연유상임
不知方便者 猶春池執礫　부지방편자 유춘지집력
我今不施功 佛性面見前　아금부시공 불성면견전
非師相授與 澤亦無所得　비사상수여 택역무소득

무상한 마음을 지킴으로써
부처님을 항상 가까이할 수 있다 하나
방편을 알지 못하는 사람도
오히려 봄 못에서 조약돌을 줍는다네
나 이제 공들이지 않고도
불성이 눈앞에 나타났으나
스승께서 주신 것도 아니요
나도 얻은 바가 없다네

【감상】

그림자는 빛 때문에 생기는데 파도는 바닷물인가 바람인가? 빛이 없는 캄캄함에서 그림자 생기지 않고 바람도 바닷물도 없으면 파도가 일겠는가? 어찌 공안들이고 현전에서 불성을 보라. 힘 안 들이고 깨침을 얻은 양 말하지만, 확연히 얻은 것은 사실인 듯합니다.

스승이 주신 것도 아니요, 선사 역시 얻은 바도 없다고 하니 이는 필시 본각(本覺)을 본 것입니다. 본래 청정한 마음의 자리 그 자리가 불성이었거늘 연못에서 조약돌을 줍 듯 슬그머니 깨우치신 것입니다. 그러나 손안에 쥔 것이 없으니 얻은 바가 없습니다.

● 강서 사람. 속성은 장(張)씨. 이름은 행창(行昌). 젊은 시절은 협객이었다. 행창은 북종 문인들의 꾀임으로 6조 혜능 선사를 해치려 칼을 들고 조실채로 들어갔다. 혜능 선사는 목을 늘어뜨리고 칼을 맞았으나 끄덕하지 않았다. 행창은 까무러쳤다. 선사는 행창을 타이른 뒤 놓아줬다. 그 후 수행을 닦아 새사람이 되어 6조 앞에 온다. 그때 받은 이름이 지철이다.

목진
종랑(從朗) 선사 •

三十年來住木陳　　삼십년래주목진
時中無一假功成　　시중무일가공성
有人問我西來意　　유인문아서래의
展似眉毛作麽生　　전사미모작마생

삼십 년 동안 목진산에 살았건만
그동안 공 이룬 것 하나도 없네
누군가 달마 서쪽에서 온 뜻을 묻는다면
눈썹을 깜박인들 무엇하리오

【감상】

　참으로 깔끔한 임종게입니다. 모든 것 털고 가는 마당에 공을 세웠다고 자랑한들 무엇하고 공부 열심히 하라고 유언한들 무엇하랴. 마지막 대목 도를 묻는 이에게 "눈썹을 깜박인들 무엇하리요."라는 간결한 법문은 천만 가지 설법을 뛰어넘은 선사의 법력이 배어있는 심언(心言)입니다.

　근래 어떤 이 한 소식 얻어 세상을 제멋대로 재미있게 살고 갈 때 "괜히 이 세상 왔다가 고생만 실컷 하고 가네"라고 했다고 합니다. 역시 선사답고 선의 참된 경지를 넘나들었던 도인들의 환담(歡談)은 언제 들어도 신선합니다. 돌아가시는 마당에 눈썹을 깜박인들 그 소식 아는 사람 누가 있겠습니까?

　목진산에 달무리 휘황찬란합니다.

● 알려진 바가 별로 없다. 조주종심 선사의 제자로 열반송만이 널리 회자하고 있다.

26 평전보안(平田普岸) 선사 • 770~843

大道虛曠	대도허광
常一眞心	상일진심
善惡勿思	선악물사
神淸物表	신청물표
隨緣飮啄	수연음탁
更復何爲	갱복하위

큰 도는 공허하고 하도 넓어서
항상 하나의 참마음이니
선과 악을 생각지 말라
정신은 맑아 물건 속에 뛰어나서
인연 따라 먹고 마시니
그 밖에 무엇이 있으랴

아주 평범한 법문으로 속내를 드러내고 있습니다. 그러나 속진(俗塵)을 다 털어내고 욕망의 빛은 어디에서도 찾아낼 수 없습니다. 무엇에도 끄달림 없고 무엇을 하고자 하는 마음도 일어나지 않습니다. 모든 것을 다 놓아버린 망념(忘念)의 천진무구한 모습이 눈에 선합니다. 때가 되면 먹고 목마르면 물 마시는 그것 외에 무엇을 따로 생각하지 않고 있습니다.

비록 누더기를 걸치셨어도 선사의 몸과 마음은 너무도 깨끗하여 아무런 향기도 없습니다. 무염 무색의 본바탕 뿐입니다.

● 백장(百丈) 문하에서 도를 얻은 뒤에 "천태산에 뛰어난 경계의 성현이 가끔 나타난다." 라는 말을 듣고 "한번 가 보자"라며 찾아가서 숲속에 띠 집을 짓고 정진했다. 찾아오는 이들이 많아 큰 절을 짓고 '평전선원'이라 했다. 후에 '수창선원'으로 개칭해 이곳에서 입적했다.

心本絶塵何用洗　　심본절진하용세
身中無病豈求醫　　신중무병기구의
欲知是佛非身處　　욕지시불비신처
明鑑高懸未照時　　명감고현미조시

마음은 본래 없거늘 어찌하여 씻으며
몸에 병이 없거늘 어찌 의원을 찾으랴
부처가 몸 안에 있지 않음을 알려고 한다면
높이 달린 밝은 거울이 장차 비칠 때니라

불용진구(不用眞求) 유수식견(惟須息見)하라.《신심명》에서 "참됨을 구하려 애쓰지 말고, 오직 분별스런 소견을 쉬어라"라고 했습니다.

선사는 뜻으로 참됨을 구하지 말라는 격 높은 소리를 간결하게 처리했습니다. '마음이 부처라' 하므로 부처가 몸속에 있는 것으로 착각하고 살아가는 중생들에게, 그렇게 생각하며 살아간다면 아직도 갈 길은 멀다고 교훈을 내리십니다.

마음도 마음으로 씻어야지 마음을 물로 씻을 수는 없는 법이니 평상심이 도라는 구절을 잘 궁구해 볼 일입니다.

● 백장(百丈) 선사 제자로 양주 사람이다. 속성은 유(柳)씨. 고향의 화림사에서 공부하다가 당나라 원화(元和) 때에 윤주의 단도 천향사에서 계를 받았다. 경을 배우지 않고 선에만 열중했다. 세수 84세, 법납 60세에 입적했다.

28 동산
양개(良价) 선사 ● 807~869

切忌從他覓	절기종타멱
迢迢與我疎	초초여아소
我今獨自往	아금독자왕
處處得逢渠	처처득봉거
渠今正是我	거금정시아
我今不是渠	아금불시거
應須恁麽會	응수임마회
方得契如如	방득계여여

절대로 남에게 구하지 말라
멀고 멀어서 나와는 거리가 멀다
내 이제 홀로 가노니
곳곳에서 그를 만나게 되누나
그가 바로 지금의 나이지만
나는 바로 그가 아니다
이렇게 깨달아 알아야
여여한 진리에 계합하리라

【감상】

지우개로 과거를 지우고 인연의 끈을 놓아버리면 바로 거기에 자신만 서있습니다.

지금 선사는 자기 그림자를 지우고 있습니다. 선사가 개울물을 건너다가 물속의 자신의 그림자를 보고 크게 깨우쳤습니다.

어디를 가도 물이 있는 곳이면 자기의 모습을 봅니다. 그러나 그것은 그림자이지 자기는 아니라는 것, 허망한 인연을 멀리 떠나보내고 여여한 부처를 만난 것입니다.

이제 선사는 산봉우리를 벗어난 구름 같고 모든 시름을 놓아버린 허공의 달과 같이 가볍습니다. 훨훨 나릅니다.

● 절강성 회계 사람. 속성은 유(兪)씨. 어려서 마을에 있는 절에서 출가하고 오설산 영묵 스님께 가서 20세에 구족계를 받았다. 이후 남전, 위산 등 선지식을 참례하고 운암담성 선사의 법을 이었다. 선가 5종의 최초로 조동종을 만들었다.

29 남악 현태(玄泰) 상좌 •

今年六十五	금년육십오
四大將離主	사대장이주
其道自玄玄	기도자현현
箇中無佛祖	개중무불조
不用剃頭	불용체두
不須澡浴	불수조욕
一堆猛火	일퇴맹화
千足萬足	천족만족

금년에 65세인데
4대가 주인을 떠나려 하네
도는 본래부터 현묘하고 현묘하여
거기에는 부처도 조사도 없다
머리도 깎지 말고
목욕도 시키지 말고
한 무더기 사나운 불길이면
천만 번 족하리

【감상】

얼음에 글을 새기고, 허공에다 글을 쓰며, 지팡이로 흐르는 물에 형상을 그린들 무엇 하겠습니까? 이 세상에 올 때는 언젠가 이 세상을 떠날 것을 약속되었던 것이니, 선사는 이제 이 세상을 하직하려 합니다.

4대(지수화풍)가 주인을 잊어버리면 도(道)도 소용없고 부처도 조사도 찾을 필요가 없습니다. 오직 맹렬히 타오르는 불길만 가는 길에 만족하다고 합니다.

생사의 경계를 초월한 경지, 사나운 불길 속으로 갈 것인데 머리는 깎아서 뭘 하고 목욕은 해서 뭘 하겠습니까? 비단옷을 한 번도 입지 않아 태포납(泰布納)이라 불렸던 그 이름답습니다.

● 석상경제 선사의 제자. 알려진 행장이 없다. 처음엔 덕산선감 선사를 찾아갔다가 나중에 석상에게 입실했다. 문도를 기르지 않기로 맹세했으나 사방에서 후진들이 모여들었다. 어느 날, 스님 한 분을 모셔 와서 화장을 부탁하고 입적했다. 세수 65세.

30 협산 선회(善會) 선사 • 804~881

明明無悟法   명명무오법

悟法却迷人   오법각미인

長舒兩脚睡   장서양각수

無爲亦無眞   무위역무진

너무도 분명해서 깨달을 법이 없나니

깨달음의 법이 도리어 사람을 어둡힌다

두 다리 쭉 뻗고 잠이나 자게

거짓도 참도 모두 없다네

【감상】

"깨달음의 법이 그대를 미혹하게 하리라."

이게 뭔 소리입니까? 모두 깨달음을 얻어 일대사(一大事)를 해결하려 하는데….

부처나 조사의 어구(語句)에 끄달려 그 속에 깨달음의 어떤 법이 있는 것으로 믿지 말고, 바른 안목으로 허망하고 그릇된 소견에서 영원히 벗어나야 한다고 일침(一鍼)을 놓고 있습니다.

부처나 조사가 그 누구의 생과 사를 대신해 줄 수 없습니다. 상근기의 장부는 말이 떨어지는 순간 무릎을 "탁" 칠 것입니다. 그래서 선사는 미진한 사람에게 "두 다리 쭉 뻗고 잠이나 자라." 라고 합니다.

● 시호 전명(傳明). 동산 양개의 뛰어난 제자인 선객 반자(般子)덕성(德城) 선사의 제자. 광주 현정 사람. 속성은 류씨. 아홉 살에 담주 용아산에 가서 승이 되었고 나이가 들어서 구족계를 받고 경론을 배워 3학(계 · 정 · 혜)을 두루 섭렵했다. 22명의 선객 제자를 두었다. 세수 77세. 법납 57세로 입적했다.

31 임제의현(臨濟義玄) 선사• ?~839

沿流不知間如何   연류불지간여하

眞昭無邊說似也   진소무변설사야

離相離名如不稟   이상이명여불품

吹毛用了急須磨   취모용료급수마

알지 못하는 사이에 흐르고 흐르는데 어찌 하는가

참된 밝음이 가이없음은 부처님 말씀이로세

형상도 떠나고 이름도 떠났으니 바탕 없음과 같으니

취모검을 쓰고는 급히 갈아 두어라

【감상】

　취모검을 갈아 두었으니 번뇌 망상은 꼼짝도 못합니다. 이 세상을 하직하면서 취모검을 급히 갈아 두심은 다시 오시겠다는 말씀입니까? 모양도 없어지고 이름도 없어졌습니다. 취모검을 급히 갈아 두시라 함은 오시자마자 번뇌의 털을 잘라버리시겠다는 각오라고 보겠습니다.

　백장, 황벽의 법통을 이어서 임제종을 창종하신 장부답습니다. 가시는 마당에 취모검보다 더 날카로움을 보이십니다. 아무것도 남기시지 않고 깔끔합니다.

● 조주 남하 사람. 속성은 형(邢)씨. 시호는 혜조(慧照), 탑 명은 징령(澄靈). 선종의 일파인 임제종의 시조. 황벽희운 선사의 제자. 20세에 출가했다. 법명은 의현. 처음에는 교학을 하다가 선종으로 전향하여 크게 깨달았다. 이 게송은 임종게다.

32

황주●
제안(齊安) 화상●

猛燄焰中人有路   맹치염중인유로
旋風頂上屹然樓   선풍정상흘연루
鎭常歷劫誰差互   진상역겁수차호
杲日無言運照齊   고일무언운조제

휠휠 타오르는 불길 속 사람
회오리 정수리에 우뚝 솟았네
항상 함이란 여러 겁에 어긋남이 있으랴
밝은 해는 말없이 돌며 두루 비추네

【감상】

훨훨 타는 번뇌의 불구덩이에서 벗어났습니다. 돌고 도는 윤회의 굴레에서 벗어났습니다. 이 세상에 왔다가 겁, 겁이 이어온 업연(業緣)의 실상을 보았습니다.

이제 고요합니다. 밝은 해만 허공 중에 둥실 떠서 돌고 있을 뿐 세상이 조용합니다. 타오르는 모든 욕망이 일순에 사라져 어디에도 걸릴 것이 없어졌습니다. 바로 이 맛을 보려고 장부들이 불철주야 용맹정진을 하는 것입니다. 기쁨의 순간 세상은 적막 속으로 빠져듭니다.

● 호북성 동부의 황강 시의 옛 지명.
● 《전등록》에 의하면 마조도일 선사가 가장 아끼는 남전보원 선사의 제자. 알려진 행장이 없다. 스승은 '평상심시도(平常心是道)-평상심이 도다.'를 주창, 오늘에 이르고 있다.

33 조산 본적(本寂) 선사 •

837~901

枯木龍吟眞見道　　　고목용음진견도
髑髏無識眼初明　　　촉루무식안초명
喜識盡時消不盡　　　희식진시소불진
常人邪辨濁中淸　　　상인나변탁중청

마른 나무에서 용이 우니 참으로 도를 보고
해골바가지에 의식이 없으니 눈은 비로소 밝다
기쁜 의식이 다할 때 소식이 다 하지 않으면
그 사람은 어떻게 흐린 속의 맑음을 분별하랴

【감상】

　게송 자체가 화두입니다. "고목 나무에서 용이 울고, 해골바가지 속에서 눈이 빛난다"라고 하니 도를 이루지 않고서는 이해하기 어렵습니다. 본적 선사에게 되물어보니 선사의 대답은 이러합니다.

　"마른나무에 용이 우는 것은 혈맥이 끊이지 않은 것이요, 해골바가지의 눈동자는 다 마르지 않았다."라고. 이것을 알아차린다면 바로 그 자리에서 대오(大悟)합니다. 그래서 한 소식 얻지 않으면 탁한 속에서 맑음을 얻어낼 수 없다고 합니다.

● 천주 보전 사람. 속성은 황(黃)씨. 어릴 적에 유학을 흠모하다가 19세에 출가 복주의 복당에 있는 영석산에 들어가서 25세에 구족계를 받았다. 동산양개 선사의 제자가 되다. 세수 64세 법납 37세에 입적. 시호는 원증. 탑호는 복원(福圓).

34 복주
향계종범(香谿 從範) 선사●

迦葉上名衣　　가섭상명의

披來須捷機　　피래수첩기

才分招的箭　　재분초적전

密露不藏龜　　밀로불장구

가섭의 높고도 이름난 옷

입으려면 민첩한 근기라야 하나니

과녁과 화살이 나뉘고 난 뒤엔

감추지 않던 거북이 은밀히 드러나네

【감상】

　말 떨어지자 깨달음을 얻지 못하면, 미혹한 속에서 헤어나지 못합니다. 부처님과 옛 조사들이, 저 언덕으로 갈 수 있는 배를, 나루에 많이 매어 놓았습니다. 뗏목, 나룻배, 조각배 등 누구든지 어느 것이든 골라서 타고 피안(彼岸)으로 가라고 말입니다.

　여기 선사도, 근기가 민첩하지 못하면 도를 얻을 수 없다고 경고합니다. 흡사 화살이 활을 떠나면, 과녁을 맞추어야 할 것이라고.

　공부에서 게으름은 허용되지 않습니다. 부처님도 말씀하셨습니다. 부지런해서 정각을 이루셨다고.

● 암두전활 선사의 제자. 알려진 행장이 없다. 선객과 문답하던 중에 상대가 알아듣지 못하므로 이 게송으로 일깨워 주고 있다.

35 피운지적(彼雲智寂) 선사•

以字不是八不成 　　이자부시팔불성
森羅萬象此中明 　　삼라만상차중명
直饒巧說千般妙 　　직요교설천반묘
不是謳阿不是經 　　부시구아부시경

이(以) 자도 아니요 팔(八) 자도 아니나
삼라만상이 이 속에 분명하나니
바르고 너그러운 깨달음의 말씀이라 해도
노래도 아니요 경(經)도 아니로다

【감상】

확실하게 얻으셨습니다. 어느 글자를 들이대도 뜻과는 거리도 멀고 관계도 없습니다. 더욱이 오묘한 설법들도 그르렁 거리는 가래 기침 소리에 불과합니다.

대철대오(大徹大悟)한 그 자리에서 보매, 삼라만상도 그저 삼라만상일 뿐, 그다지 이상할 것도 없습니다. 이쯤 되셨으니 얽매임이 없어서 직설로 마구 쏴 부칩니다. 설천반묘(說千般妙), 천만 가지의 깨달음의 말씀을 노래도 아니고 경도 아니라고 합니다. 참 대단합니다. 즉설주왈로써 호령할 수 있다는 것은 진각(眞覺)의 경지가 분명합니다.

● 알려진 행장이 없다. 《전등록》에 이 이야기가 실려 있다. 어느 날 선객이 "어느 것이 피운의 경계입니까?"하고 물었다. 선사가 "한낮에는 한가한 사람이 없다." 하니 "이(以) 자도 아니고 팔(八) 자도 아니면 그게 무슨 글자입니까" 하므로 이 게송을 들려줬다.

36 랑주
창계 린(滄谿 璘) 화상•

天地指前徑　　천지지전경
時人莫彊移　　시인막강이
箇中生解會　　개중생해회
眉上更安眉　　미상갱안미

하늘과 땅이 앞길을 가리키니
사람들아 억지로 옮기지 말라
그 속에서 알음알이를 내면
눈썹 위에다 눈썹을 붙이는 것이리라.

【감상】

보이는 그대로, 들리는 그대로, 도리(道理)에 의심을 보태지 말라고 하십니다. 삼라만상의 모든 형상이 변하지만 항상(恒常)인 것처럼 바람이 불면 나뭇가지 흔들리고 비 내리면 모든 싹이 푸릅니다.

머리끝부터 이어지는 것이 하늘이요, 발바닥 닿는 곳부터가 땅입니다. 그 사이에 서 있는 인간, 무엇을 더 바랍니까? 있으면 있는 대로, 없으면 없는 대로 살아가야 합니다. 덧없는 욕심, 가야 할 길을 막습니다. 오직 천지간에 나 하나 인간임이 중요합니다.

● 운문산 문언(文偃) 선사의 제자. 행장이 없다. 어느 날 선객이 "어느 것이 창계의 경계입니까?" 하자 "문 앞의 물이 동쪽으로 흐른다." 했는데 또 묻는다. "어떤 것이 창계의 기둥입니까?" "들어오너라. 들어오면 보리라" 했다.

37 온주•
서봉원 신록(神綠) 선사•

871~976

簫然獨處意沈吟   소연독처의침음

誰信無絃發妙音   수신무현발묘음

終日法堂唯靜坐   종일법당유정좌

更無人問本來心   갱무인문본래심

쓸쓸히 홀로 앉아 속으로 중얼거리니

줄 없는 거문고가 묘한 소리 낼 줄 뉘 알았으랴

종일토록 법당에 조용히 앉았어도

다시는 본래의 마음을 묻는 이 없네

깨달음, 그 자리에 서면 거짓도 진실도 다 무너지고 고요하고 적적한 귀머거리가 되는가 봅니다. 그러다가 조용히, 아주 조용히 마음 가운데 어디선가 가야금이나 거문고, 피리 소리가 가느다랗게 들리는가 봅니다.

봄이 오면 파릇파릇 이슬 머금고 돋아나는 새싹처럼, 이른 아침 나뭇가지에 앉아 종알거리는 종달새처럼, 조용하고도 생동감 넘치는 그 무엇이 일렁이고, 세상만사가 한 바늘에 꿰어져 나가나 봅니다. 과거, 현재, 미래가 본래의 마음입니다. 이것을 알아버렸으니 이제 더는 걱정할 것이 없습니다. 쾌연(快然)합니다.

● 절강성 남동부 도시.
● 복건성 복주의 복청 사람. 고향의 천축사에서 승려가 되었다. 서암 선사에게서 법을 얻고 오랫동안 시봉했다. 나중에 산문을 열고 절을 지으니 학자들이 와서 의지했다. 그때의 게송. 태평 흥국 5년에 세수 105세로 입적했다.

38 홍주•
대영원 은미(隱微) 선사•

885~961

騰空正是時　　　등공정시시
應須眨上眉　　　응수잡상미
從玆出倫去　　　종자출윤거
莫待白頭兒　　　막대백두아

허공에 오르려면 바로 이때이니
모름지기 윗눈썹을 깜짝거려 보아라
이로부터 같은 무리에서 뛰어나면
백발을 기다릴 필요가 없느니라

【감상】

알 듯 모를 듯, 그러면서도 뭔가를 가르쳐 주는 암묵적인 속마음을 드러내고 있습니다. "누가 허공으로 날아서 오를 사람 있는가? 즉시 나오너라." 몸짓으로 날아오르려는 시늉이라도 해야 할 것입니다.

어릴 때, 비가 오는 날이면 어디에서 물이 떨어지는지 궁금합니다. 사다리를 타고 올라가서 보고 싶습니다. 나이 들어서 높은 산에 올라서 보니, 비 먹은 구름이 저 아래 있었습니다. 몸통에 날개가 있었다면 알았을 터인데⋯. 이제는 마음에 날개를 달고서 우주를 날고 있습니다. 이쯤 되면 늙음도 두렵지 않습니다.

● 강서성 남창현의 옛 지명.
● 예장(홍주, 남창으로 불림)의 신금 사람. 속성은 양(楊)씨. 7세에 본 고을 석두원에서 도견 선사에게 출가하고 20세에 개원사의 지청 율사에게 구족계를 받았다. 이후 여러 종장을 참방하고 개오했다. 76세 입적. 법납은 56세. 시호는 현적(玄寂). 탑호는 상적(常寂).

39 무주•
명초덕겸(明招德謙) 선사•

驀刀叢裏逞全威   맥도총이령전위
汝等應當善護持   여등응당선호지
火裏鐵牛生犢子   화이철우생독자
臨岐誰解湊悟機   임기수해주오기

말을 타고 칼이 총총한 속에서 전력을 다하라
그대들은 마땅히 이를 잘 지녀야 하느니라
불 속에서 무쇠 소가 송아지 새끼를 낳으니
갈림길에서 뉘라서 나의 참뜻을 알리요

【감상】

옛 조사께서 말씀하시기를 깨닫고 나면 깨닫기 전과 같고, 마음이 없으면 법도 없어진다고 했습니다. 공부하면서 칼날이 수없이 늘어선 전쟁터에서, 말을 타고 내달리며 적과 싸우듯 있는 힘을 다해야 할 것입니다. 선사께서 가시는 길에 후생들에게 당부하심을 잊지 않으셨습니다.

잃어버렸던 일을 기억하여 찾아보니 본래 자기의 물건이요, 남에게서 얻은 물건이 아닙니다. 그러나 이 또한 잠시 나타난 갈림길일 뿐입니다.

무쇠 소가 불 속에서 송아지를 낳는 도리를 깨우치지 못하면 영원히 헤맬 뿐입니다. 진리와 현실이 둘이 아니면 여여한 부처입니다.

● 절강성 남서부 진화시 일대의 옛 지명.
● 회주 현천 언(彦) 선사의 제자. 현묘한 진리를 드날려 노덕들도 그의 민첩함을 두려워하고 후학들도 그의 말끝에 맞서는 이가 없었다. 명초산에 있을 때, 명성이 널리 퍼져 법문 설하기를 바라는 대중으로 항상 사찰에 대중들이 꽉 찼다. 이 게송을 읊고 조용히 입적했다.

40 무주
금주의소(金柱義昭) 화상*

虎頭生角人難措 　　호두생각인난책
石火電光須密布 　　석화전광수밀포
假饒烈士也應難 　　가요열사야응난
懞底那能解差互 　　몽저나능해차호

호랑이 머리에 뿔이 나서 아무도 잡기 어렵나니
부싯돌의 불과 번개 빛을 가려서 펴라
설사 넉넉한 열사라도 어려운 일이거늘
어리석은 이가 어찌 들쑥날쑥 함을 알리요

【감상】

호랑이 머리에 뿔이 났으니 예삿일이 아닙니다. 그림자만 보아도 무서운 뿔난 호랑이 누가 감히 만지겠습니까? 또, 부싯돌의 불과 전광석화와 같은 번갯불과 비교가 되겠습니까? 공연히 허튼수작하지 말라고 주의를 시키고 있습니다.

알지도 못하면서 아는 척하고, 깨우치지도 못했으면서 깨우친 척하는 무리가 이 소식을 알아야 합니다. 세상의 도리를 거스르는 혹세무민의 삿된 무리가 거짓을 진실이라 하고, 진실을 거짓이라 말합니다. 선사께서 어느 경우에 못된 무리를 만나서 일갈하신 것 같습니다.

참마음을 구하지 못하면 모두가 어리석음 그 자체입니다. 문자에 걸려도 않되지만 소홀해서도 안 될 일, 허망한 인연의 숲에서 벗어나야 합니다.

● 현천언(彦) 선사의 제자. 행장이 없다. 선객이 물었다. "어떤 것이 화상의 가풍입니까?" 화상이 답했다. "문을 열고 살림을 한다."

41

양주
광덕 연(廣德 延) 화상 •

才致洪山便垛根 재치홍산편타근
四平八面不信論 사평팔면불신론
他家自有眠雲志 타가자유면운지
蘆管橫吹宇宙分 노관횡취우주분

홍산에 이르러 자리를 잡고 앉았으나
사방과 팔면에 대하여 말하지 않누나
그는 본래부터 구름 속에 쉴 뜻이 있어
피리를 비스듬히 불며 우주를 살피는구려

【감상】

일체 법계가 한통속임을 알았습니다. 홍산에 자리 잡았다고 해서 그곳만이 머무를 곳도 아니며, 사방팔방으로 눈을 돌려도 모두가 우주 속에서 멋대로 구분 지어 놓은 것입니다.

선사는 구름을 타고 피리를 비스듬히 물고서 우주 천체를 탐미하고 있습니다. 이런 기분쯤 되면 '내가 누구인가?' '나는 어디서 왔는가?' 하는 화두는 풀린 지 오래요, 경계 밖의 경계에서 놀고 있습니다.

섣불리 부러워 마십시오. 구름은 아무나 타는 것이 아닙니다. 뜬구름 위에 사뿐히 앉아야지, 그러지 못하면 구름 속에 묻혀 오리무중을 헤매야 할 테니까요.

마음은 벌써 뭉게구름 위에 누웠습니다.

● 양주 만동산 광덕의(廣德義) 화상의 제자. 알려진 행장은 없다. 많은 선지식과 교류를 했다. 선객이 물었다. "어떤 것이 무간업(無間業)을 짓는 것입니까?" 화상이 답했다. "사나운 불길을 냄비에 담아서 부처의 입술을 끓이느니라."

42

낭주•
양산연관(梁山緣觀) 선사•

梁山一曲歌   양산일곡가
格外人難和   격외인난화
十載訪知音   십재방지음
未嘗逢一箇   미상봉일개

紅焰藏吾身   홍염장오신
何須塔廟新   하수탑묘신
有人相肯重   유인상긍중
灰裏貌全身   회이모전신

양산의 한가락 노래는
격조가 높아 맞추는 이 없네
십 년을 두고 소리 아는 이 찾았건만
아직 하나도 만나지 못했네

이글거리는 불 속에 내 몸을 묻어라
탑을 새로 만들 필요가 있겠는가

누군가 서로 긍정할 수 있다면
재 속에서 나의 참 보습을 찾으리

【감상】

　아무리 많은 군중을 향해 노래를 부르고 박수를 받아도 짐짓, 저 사람이 내 노랫가락의 참뜻을 아는구나 하고 지적할 사람이 없다고 합니다. 그것도 십 년을. 모든 이의 타고난 능력에는 차별이 없지만, 깨달음을 얻고 얻지 못함의 차이는 분명한 것, 선사의 청안으로 살피건대 깨침을 얻은 듯한 눈빛들이 아니라는 것입니다. 도력도 득력도, 전생부터 닦아온 업력도 없는 이들에게 무엇을 더 바라겠습니까?

　조용히 이 세상과 하직하고 싶습니다. 그래도 대중 가운데 누군가는 이 몸뚱어리 타버린 잿더미에서 깨달음을 얻기 바라고 있습니다. 곳곳이 법계(法界) 아닌 곳이 없기에….

● 호남성 상덕현의 옛 지명.
● 강서성 홍주 동안 지(志) 화상의 제자. 행장은 보이지 않고 선문답은 보인다.《전등록》에 어느 선객이 "스님은 누구의 곡조를 부르고 종풍은 누구의 것을 이었습니까?"라고 물으니 선사가 답했다. "용은 용의 새끼를 낳고 봉은 봉의 새끼를 낳는다."

43 천태산 덕소(德韶) 국사 •

890~972

暫下高峰已顯場　　　잠하고봉이현장
般若圓通遍十方　　　반야원통편십방
人天浩浩無差別　　　인천호호무차별
法界縱橫處處彰　　　법계종횡처처창

높은 봉우리에서 별안간 내려와도 이미 다 드러나
반야의 자유 자제함이 시방에 두루 하네
인간 세상이나 하늘이 드넓기 마찬가지
법계도 자유자재라 곳곳마다 밝게 드러나네

【감상】

마음이란 묘한 것, 알 것 같으면서도 알 수 없는 것이 마음, 그 앞에 드러난 물질들을 여의면 아무것도 없습니다. 인간 세상이나 하늘나라의 육욕천(六欲天)이나 갈구하는 욕심이 남아있는 이상 다를 바가 없습니다. 사왕천에 살거나 도리천에 살거나 해와 달과 이웃하여 살지라도 마음의 자취가 남아있다면 역시 욕계(欲界)입니다.

그러나 참 법계는 있는 그대로가 원융무애의 정토요, 그곳에 머물고자 함마저 없는 마음이 정토에 도달한 것입니다. 이 세상에 와서 묶은 빚 다 갚고 나면, 하늘나라에 가지 않고서도 극락세계를 맛볼 것입니다.

● 천주 용헌 사람. 속성은 진(陳)씨. 18세에 신주 계원사에서 계를 받고 투자산에 가서 대동(大同) 선사를 만나서 크게 발심하였다. 선사 법상에 올라서 "한 터럭이 바다를 삼키나 바다의 성품은 이지러지지 않고, 겨자를 바늘 끝에 던지나 바늘 끝은 요동치 않는다. 모든 것은 자신만 알뿐이다"라 하고 이 게송을 읊었다.

44 선주●
흥복원 가훈(可勳) 선사●

秋江煙島晴	추강연도청
鷗鷺行行立	구로행행입
不念觀世音	불념관세음
爭知普門立	쟁지보문입

가을 강 섬 연기 맑은데
해오라기 걷다가 서고 걷다가 선다
관세음보살님을 부르지 않으면
어찌 일체 법 통달한 곳에 설 수 있으랴

【감상】

선사의 마음이 해오라기입니다. 한쪽 다리 꾸부리고 외발로 물속을 딛고 서 있습니다. 꾸부렸던 다리를 물속에 딛고 물속의 다리를 빼내어서 꾸부리고 또 섰습니다. 그러나 해오라기 가만가만 그렇게 갈 뿐 아무 생각 없습니다. 맑게 피어오르는 물안개 속을 걷다가 서고, 섰다가 걷고 있을 따름입니다. 너무도 고요합니다. 가끔 가느다란 바람 불어와서 깃털을 흔듭니다.

보문으로 가는 길은 멀고도 먼 길입니다. 그곳에 이르려면 관세음보살님을 마음속으로 생각하며 쉼 없이 불러야 합니다. 천 번 만 번, 천일 만일 쉬지 않고 마음으로 부르고, 소리 내어 불러야 합니다. 선사 게송을 읊은 그 날 밤 관세음보살님을 친견했습니다.

● 안휘성 선성현(宣城縣)의 옛 지명.
● 속성은 주(朱)씨. 청량문익 선사 제자. 정혜사에서 인가를 받은 뒤에 개당하여 법문을 하면서 많은 선객을 제접했다. 누가 물었다. "어떤 것이 법공(法空)입니까?" 선사가 "불공(不空), 공하지 않는 것이다."라고 답했다.

45

항주
보은영안(報恩永安) 선사 ● 910~974

汝問西來意	여문서래의
且過遮辺立	차과차변입
昨夜三更時	작야삼경시
雨打虛空濕	우타허공습
電影豁然明	전영활연명
不似蚰蜒急	불사유정급

그대가 서쪽에서 오신 뜻을 물었는데
저쪽에 가서 가만히 서 있어라
지난밤 삼경에
비가 내려 허공을 적셨노라
번개 빛에 활짝 깨우쳐 밝히고 나면
지네가 서두르는 것과는 다르니라

【감상】

　조사서래의? 부질없다. 그런 화두로 어찌 큰 뜻을 파헤치며, 무엇을 얻겠는가? 선사께서 골이 나서 도를 묻는 이를 내치십니다. 오고 가는 법거량은 말장난에 불과한 것, 한 소식 얻고자 한다면 가랑잎에 빗방울 떨어지는 소리에 귀 기울이는 것이 빠를지도 모릅니다.

　간밤에 비가 내려 허공을 적시었고, 번개 빛에 모든 것이 드러났는데 '여하시 어쩌고….'하고 있을 새가 없습니다. 수십 개의 다리를 동시에 제각기 움직이며 무척이나 빠른 것같이 허둥대는 지네가 바쁘기만 하지 얼마를 가겠습니까?

　깨우침이란 문자 속에 있는 것도 아니요, 말 속에 있는 것도 아니요, 내지르는 주먹 속에 있는 것도 아니니 똑바로 투철하라고 합니다.

● 절강성 온주의 영가 사람. 속성은 옹(翁)씨. 천태덕소 선사의 제자. 어릴 때 고향의 휘정 대사에게 출가. 천태산에서 띳집을 짓고 수행 중에 덕소 선사를 만나서 본심을 활짝 깨달았다. 오월(吳越)의 충의왕이 '정각공해 선사(正覺空慧禪師)'라는 호를 내렸다.

46 온주●
　　본선(本先) 선사●　　　　　941~1008

曠大劫來秖如是　　　　광대겁래지여시
如是同天亦同地　　　　여시동천역동지
同地同天作麼形　　　　동지동천작마형
作麼形兮無不足　　　　작마형혜무부족

광대한 겁으로부터 그저 이렇게 왔고
이렇듯 하늘과 땅도 같다
하늘과 땅 같다고 하니 어떤 꼴인가
어떤 꼴이냐 부족함이 없다

【감상】

우리는 어디서 와서 어디로 가는가? 무한한 겁을 뚫고 왔지만, 언제부터 맺어 두었던 연(緣)이였던가? 헤아려 보니 무수 겁에 들락거렸던 것이 그저 이와 같고, 그것 모두 따져보니 천지간에 있었습니다.

헤아릴 수도 없고 무변(無邊)의 광활한 법계, 그 속에 보이지도 않는 티끌과 같은 나, 대단한 것처럼 뽐내 보지만 그저 그렇고 그런 것, 대수로울 것이 없다고 합니다.

돌고 도는 우주 속에서 하늘이 땅 되고, 땅이 하늘 되는 그 꼴 대단한 것이 아니라고 합니다. 이 소식 알아차린 선사, 아무런 부족함이 없습니다. 이미 훤하게 열린 세상 무엇이 부족하겠습니까? 만족할 뿐입니다.

- 절강성 동북부 온주시.
- 온주 영가 사람. 속성은 정(鄭)씨. 어릴 때 고향의 집경원이라는 곳에서 출가 천태산 국청사에서 계를 받고 그곳에서 덕소 국사의 법을 받았다. 이 게송을 읊고 이후 발로는 성이나 읍내를 밟지 않고 손으로는 재물을 세지 않았다. 묘시에 한 끼만 먹고 종일 정진하며 제자들을 지도했다. 세수 67세, 법납 42세로 입적했다.

47 담주
운개산 용청(用淸) 선사 •   ?~996

雲蓋銷口訣　　　운개소구결
擬議皆腦裂　　　의의개뇌열
拍手趁玄空　　　박수진현공
雲露西山月　　　운로서산월

운개의 입을 막는 비결은
의논하려는 이의 머리가 모두 깨지고
손뼉을 쳐서 아득한 허공을 쫓아 버리면
구름은 서산의 달을 드러냄이다

【감상】

　허공이 허물어지는 소리가 들립니다. 입으로만 나불거리는 논객들의 박 터지는 소리에 허공이 무너지고 있습니다. 시방에 두루 한 허공을 손뼉을 쳐서 쫓아 버리라고 하니 여기에 답할 사람 있습니까? 게송 자체가 화두입니다. 이쯤 되면 입이 열 개라도 바로 말하지 못합니다.

　운개 선사의 입을 막아 볼 양으로 한 마디 던졌던 수좌는 정신이 몽롱하고 어질어질 현기증에 시달립니다. 설익은 소견으로 대통한 노장을 실험하려다가 혼비백산해 버렸습니다. 깨우친 이의 기침 소리마저도 큰 법문인 줄 몰랐던 것입니다. 감히 스승의 그림자를 어찌 밟으려 하는가? 닦고 닦지 않으면 이 세상이 고달플 뿐입니다.

● 하주 사람. 속성 조(趙)씨. 여주 장안원 연규 선사 제자. 본고장에서 출가하여 도를 구하다가 멀리 장안으로 들어와서 여러 곳을 참문하여 현묘한 종지를 깨달았다. 소주 동평사에 살다가 운개산으로 갔다. 선사는 항상 음식을 절제하였다고 한다.

48 천태산
한산자(寒山子)•

昨日遊峯頂	작일유봉정
下窺千尺崖	하규천척애
臨危一株樹	임위일주수
風擺兩枝開	풍파양지개
雨漂卽零落	우표즉영락
日曬作塵埃	일쇄작진애
嗟見此茂秀	차견차무수
今爲一聚灰	금위일취회

어제 저 산꼭대기 올라가 놀다가
천 길 벼랑을 내려다보았네
위태로이 서 있는 나무 한 그루
바람을 맞아 두 가지로 찢어지고
잎사귀 떨어져 빗물에 떠돌고
햇볕에 말라 티끌이 날린다
아 아 그렇게 무성하던 저 나무도
이제 한 줌 재가 되겠구나

【감상】

어찌 한 그루의 나무만 그러하겠습니까? 우리네 인간들도 잠깐 사이에 한줌의 재로 변해 버립니다. 덧없는 세월과 무상한 세상 변치 않는 것은 없습니다. 무릇 이 세상에 보였던 것은 어느 것 하나 그대로인 것은 없습니다. 벼랑에 위태로이 서 있는 나무, 그것은 우리들의 자화상입니다. 인간들의 삶도 흡사 외줄 타는 것과 같이 위태롭기 그지없습니다.

한산자의 걱정은 한 그루의 나무가 아니라 중생들의 고달픔입니다. 풍파에 시달리는 유정 무정들의 괴로움, 사바의 아픔을 노래한 것입니다. 한 세상을 살다 가는 중생들의 모양새가 안타까워서 자비심으로 걱정을 합니다. 고맙습니다. 한산자여!

● 당나라 태종(598~649) 시대에 살았다고 전해지는 전설적인 인물. 한산과 습득, 그리고 풍간 이 세 사람은 천태산 국청사에 살았다고 한다. 이들은 불보살의 화현으로 풍간-아미타불, 한산-문수보살, 습득-보현보살이라 칭한다.

49 천태산 국청사 습득(拾得) 선사 •

身貧未是貧	신빈미시빈
神貧始是貧	신빈시시빈
身貧能守道	신빈능수도
名爲貧道人	명위빈도인
神貧無智慧	신빈무지혜
果受餓鬼身	과수아귀신
餓鬼比貧道	아귀비빈도
不知貧道人	부지빈도인

몸의 가난은 가난이 아니요
정신의 가난이 참 가난일세
몸은 가난해도 도를 지키면
그는 가난한 도인이라 일컫나니
정신의 가난은 지혜가 없어
그 결과로 아귀의 몸을 받는다네
아귀와 가난한 도인을 견줄 양이면
어이 가난한 도인에 비길 것인가

【감상】

　찬밥에 식은 죽을 먹어도 고맙고, 누룽지에 백김치 한 조각을 얹어 먹어도 즐거운 습득 선사, 식은 밥 먹고 참소리 하고 있습니다. 누덕누덕 기운 백결의 누더기를 걸치고, 남들이 먹고 남겨놓은 식은 밥 한 덩어리에 육신을 의지해도 맑은 정신만은 마냥 청결합니다.

　아! 참으로 거룩합니다. 맑은 정신에서 맑은 기운이 솟고, 밝은 마음에서 밝은 지혜가 춤을 춥니다.

　한산(寒山)과 더불어 한 생을 전설처럼 살다가 종적마저 감추어버린 대도인. 그는 과연 전설 속의 인물인가? 그러나 남겨놓은 흔적들이 선사를 유령으로 만들지 않습니다.

● 당나라 태종(598~649) 시대에 살았다고 전해지는 전설적인 인물. 한산과 습득, 그리고 풍간 선사 이 세 사람은 천태산 국청사에 살았다고 한다. 이 세 사람은 불보살의 화현으로 풍간-아미타불 한산-문수보살 습득-보현보살이라 칭한다.

구화산
지장교각(地藏喬覺) 화상● 696~794

空門寂寞汝思家 　　공문적막여사가
禮別雲房下九華 　　예별운방하구화
愛向竹欄騎竹馬 　　애향국난기죽마
懶於金地聚金沙 　　나어금지취금사
添瓶澗底休招月 　　첨병간저휴초월
烹茗甌中罷弄花 　　팽명구중파농화
好玄不須頻下淚 　　호현불수빈하루
老僧相伴有煙霞 　　노승방반유연하

절간이 적막하여 그대 집 생각하는가
내방에 큰절하고 구화산을 내려가려고?
대나무 꺾어 죽마 타던 것이 그리워
절에서 금모래 모으는 것도 게을렀구나
골짜기에서 달을 불러 병에 담던 일도 쉬고
차 달이는 사발 속의 꽃 보는 기쁨도 그만두련다
잘 가거라! 쓸데없이 눈물 흘리지 말고
스님에게는 서로 함께할 아름다운 노을이 있잖니

【감상】

　노장님이 너무도 잔잔하고 조용하신 감정으로 어린 행자를 떠나보내면서 눈물겹도록 정겹게 말씀하시고 있습니다. 어쩌면 당신의 어린 시절을 연상하시면서 마음속 단지 안에 담겨 있는 정을 나누어 주는 것 같습니다. 젊은 시절 신라 땅 왕자로서 구화산에 입산하여 수행해 오면서 서라벌을 그리워했던 푸념을 늘어놓는 것 같기도 합니다.

　행자와 함께했던 그 일들, 병 속에 달을 담고 찻그릇에 꽃을 담던 그 즐거움을 인제 그만두겠다고 합니다. 쓸쓸하고 외로움이 뭉클합니다.

　이제 스님 홀로 남습니다. 담담하게 말씀하시지만, 노을 지는 저녁 하늘을 보고 계시는 지장대사, 오늘의 우리 외로움과 다를 바 없습니다.

● 김교각. 중국 안휘성 구화산의 지장보살 등신불로 유명하다. 《송고승전》과 《구화산지》의 기록에 의하면 교각 스님은 신라 왕족이라 함. 24세 때 흰 개 한 마리를 데리고 배를 타고 중국으로 건너갔다고 한다. 98세에 입적했다.

누가 듣는가
하늘 밖에서
허공 밟는 소리를

1판 1쇄 인쇄 | 2024년 9월 12일
1판 1쇄 발행 | 2024년 9월 23일

엮은이 | 양범수
그 림 | 김양수
펴낸이 | 김경배
펴낸곳 | 시간여행
디자인 | 디자인[연:우]
등 록 | 제313-210-125호 (2010년 4월 28일)
주 소 | 경기도 고양시 덕양구 지도로 84, 5층 506호(토당동, 영빌딩)
전 화 | 070-4350-2269
이메일 | jisubala@hanmail.net

종 이 | 화인페이퍼
인 쇄 | 한영문화사

ISBN 979-11-90301-32-9 (03220)